La mejor versión de ti

VERSIÓN

DE TI

HOMBRES

GISELA
MÉNDEZ

La
mejor
·VERSIÓN·
DE TI
HOMBRES

OCEANO

LA MEJOR VERSIÓN DE TI. HOMBRES

© 2020, Gisela Méndez

Diseño e ilustración de portada e ilustraciones de interiores: Bogart Tirado
Fotografía de la autora: Randy Arcila

D. R. © 2020, Editorial Océano de México, S.A. de C.V.
Homero 1500 - 402, Col. Polanco
Miguel Hidalgo, 11560, Ciudad de México
info@oceano.com.mx

Primera edición: 2020

ISBN: 978-607-557-000-6
Depósito legal: B 6749-2020

Impreso en España / Printed in Spain

9004956010320

A los hombres de mi vida...

Jose Manuel y Miguel Ángel

ÍNDICE

Prólogo ⚜ 12
Introducción ⚜ 14

Capítulo 1. Yo, Tarzán, ¿tú...? ⚜ 17
Las tres figuras masculinas ⚜ 17
1. Cuerpo tipo V o mesoformo ⚜ 17
2. Cuerpo tipo H o ectoformo ⚜ 19
3. Cuerpo tipo O o endoformo ⚜ 21

Tamaños, medidas y escalas, *icheck list!* ⚜ 23
¡Caras y gestos! ⚜ 24
Míster fantástico, tenemos que hablar de tu cuello... ⚜ 33
Pectorales amplios o angostos, iromanos! ⚜ 34
Fuertes, musculosos... como Thor, digo, Chris; iufff, qué brazos! ⚜ 35
Cuatro... tres... dos... iuno más!, icon fuerza!: el abdomen ⚜ 36
Tu trasero, idesenfunda, vaquero! ⚜ 37
Regresaré en un flash, ipiernas! ⚜ 37

Capítulo 2. Color ⚜ 41
Uno, dos tres, cuatro, cinco, imambo! ⚜ 42
Significado y uso del color ⚜ 45
Ahora sí, empecemos con las mezclas, isalud! ⚜ 48
Otros tips para combinar más de tres colores: isíganme, mis valientes! ⚜ 58
¿Negro en verano y amarillo en invierno? Uso de los colores por temporada ⚜ 59
¿Quihúbo, quihúbo, cuándo? ⚜ 60

Capítulo 3. Guardarropa ※ 63

Ser o no ser... ※ 63

No te metas en camisa de once varas... ¿o sí? ※ 64

Playera (México), franela (Venezuela), remera (Argentina), polera (Chile),
    camiseta (España)... ※ 69

Bella, elegante y muy tradicional: la guayabera ※ 72

¡Yo llevo los pantalones en esta casa! ※ 73

Si te queda el saco, ¡póntelo! ※ 76

¡A chaleco! ※ 79

No puedo vivir sin tu abrigo ※ 80

Chamarras ※ 84

Las bermudas ※ 85

¡Pijamaszzzzzz! ※ 86

Y al ponerme el bañador, me pregunto... ※ 87

¡Calcetín con Rombos Man! ※ 88

¡Mucha ropa! La importante e invisible ropa interior ※ 89

Compras y baratas ※ 91

Capítulo 4. Estilos masculinos y códigos de vestimenta ※ 95

A la tierra que fueres (códigos de la moda o *dress code*) ※ 95

Estilos masculinos ※ 96

Vestir de acuerdo con la actividad ※ 104

Vestir de gala ※ 106

Capítulo 5. Cabello ⚜ 113

Cada cabeza es un mundo... ⚜ 113

Tipos ⚜ 113

Condiciones del cabello ⚜ 115

Colores para tu cabello ⚜ 117

Cortes de cabello adecuados para tu trabajo ⚜ 118

Sugerencias para dejarlo crecer ⚜ 121

Cuidados en general para todos, dije: todos, ¡vista acá, por favor! ⚜ 122

¡Llévelo, llévelo! ⚜ 123

Espera, no cambies la página... ⚜ 123

Pon las barbas a remojar ⚜ 1 24

Capítulo 6. Complementos ⚜ 129

No es nada personal, son sólo accesorios... ⚜ 129

Zapatos ⚜ 130

La cartera ⚜ 135

El cinturón ⚜ 136

Tirantes ⚜ 136

La corbata ⚜ 137

El pañuelo ⚜ 141

¡De cabeza por el mundo!: el sombrero ⚜ 143

Foulard o *neckerchief* ⚜ 148

Bufanda ⚜ 149

Pashmina *vs.* chalina ⚜ 149

¡Gafas de sol! ⚜ 150

¡Yo quiero oro y quiero plata!: joyería ⚜ 151

Pluma ⚜ 154

Llavero ⚜ 155

Mat-Moda. Menos es más ⚜ 155

Capítulo 7. Cosmética masculina. ¡Feo, fuerte y terso! ※ 159
Pelearán a 10 rounds... ※ 159
¡Primer round! Identifica tu tipo de piel ※ 159

¡Segundo round! Cuidados generales ※ 160

¡Tercer round! El fotoprotector solar ※ 161

¡Cuarto round! ¿Maquillaje para hombres? ※ 163

¡Quinto round! *Homo sapiens sapiens vs.* el hombre licántropo... ※ 165

¡Sexto round! ¡Toallas, toallas! ※ 169

¡Séptimo round! Los olores ※ 169

¡Octavo round! Desodorante ※ 173

¡Noveno round! Higiene bucal ※ 174

¡Décimo round! Manicura y pedicura ※ 174

Capítulo 8. Mantenimiento de tu ropa y accesorios ※ 177
¡A la carga! Lavar tus prendas en casa ※ 179

El botiquín de la moda ※ 181

¡A la tintorería! ※ 184

¡Zapatos, zapatones y zapatitos! ※ 184

¡Agujas a mí! Obvio, no... al sastre ※ 185

Mantenimiento de otras prendas ※ 186

Agradecimientos ※ 189

PRÓLOGO

Siempre se ha cuestionado el hecho de que los hombres sean menos vanidosos que las mujeres. En efecto, ahora las cifras de los mercados nos revelan que, poco a poco, los caballeros de hoy se han interesado cada vez más en todo lo que tiene que ver con su arreglo personal, de la cabeza a los pies.

Así que aquella famosa frase de las abuelas que rezaba "el hombre como el oso, entre más feo más hermoso" ha quedado, gracias a Dios, en el baúl de los recuerdos ante un fenómeno que en otra época se llamó metrosexual, y que hoy es tan popular que no existe un solo término para describirlo. Y es que el hombre contemporáneo se cuida cada día más y más, rompiendo estereotipos y clichés del pasado.

Precisamente por eso es que existe una gran cantidad de plataformas y publicaciones dedicadas al vestuario, al cuidado integral y hasta a líneas de maquillaje especiales para los hombres que se quieren ver bien y sentirse a gusto en su piel y ropa.

Y qué mejor que Gisela Méndez, especialista en el tema, con un lenguaje divertido y cercano, ahora se atreva a hacerlo con los hombres... ¡No sean malpensados!..., ja, ja... Me refiero a este nuevo volumen que brinda continuidad a sus libros anteriores, dedicados a las mujeres. Gisela lleva más de 25 años creando y escribiendo para hombres mexicanos, lo que le permite conocer sus secretos y la manera especial en que funciona el cerebro masculino para sacar la mejor versión de ellos.

Así, esta experta consultora ha encontrado que los hombres, en general, presentan más reacciones ante el cambio de imagen, analizan más y siempre anteponen el cerebro antes de tomar una decisión. Y dado que tienen menos detalles o elementos para jugar que las damas, el resultado es un gran reto para Gisela.

Un desafío que maneja muy bien: este volumen analiza desde el tipo de figura masculino, la anatomía, el manejo del color, un análisis de las principales prendas que deben existir en un guardarropa, consejos para el cabello y la piel, los accesorios, hasta el mantenimiento de las prendas. Todo esto lo vuelve fundamental para un chico o señor que quiera brillar desde dentro.

Entonces, espero que 95 por ciento de los hombres encontrarán en este volumen un compendio, una guía práctica y divertida para verse cada día al espejo y gustarse más y más siguiendo estas sencillas reglas.

¡Bienvenidos pues a leer este volumen ideal para el Narciso Moderno... y mucha suerte con el cambio!

FERNANDO TOLEDO
Editor de Moda del periódico *Reforma*

INTRODUCCIÓN

Con más de veinte años asesorando y escribiendo para caballeros, puedo afirmar que no es fácil, y no porque yo no lo sea; no, el motivo es llano: los hombres son o cero complicaciones o vanidosos con calidad.

¡Amo asesorar a los caballeros! Son curiosos, directos y buenos alumnos. En el momento de sugerirles un accesorio, por ejemplo unas mancuernillas, preguntan desde el típico cómo las uso hasta de dónde vienen.

Asesorar a los hombres me reta. Sí, debo conocer historia, ¿de dónde vienen? Política, ¿quiénes las llevan hoy? Tendencias, ¿cuáles se llevan actualmente? Hablar de moda con los caballeros es abrir un panorama histórico con mis asesorados, con sus gustos y criterios, pero siempre a la vanguardia.

Por lo tanto, *La mejor versión de ti. Hombre* (LMVDTH) es una extensión de todo esto y más. LMVDTH te acompaña para formar, reconocer y consolidar tu imagen personal. Hoy los hombres son más que un pantalón, una camisa y jabón en la cara.

El hombre contemporáneo sabe que su imagen es ese vínculo no verbal que habla de sí mismo, de sus triunfos, de su cultura y, por supuesto, de sus sentimientos. Hoy día los varones no se esconden en un traje; hoy, el hombre utiliza ese traje para lograr sus metas y fines.

En este libro encontrarás el porqué te ves bien con ese color, los matices que te favorecen; aprenderás a usar ese tono como una herramienta de trabajo y comunicación; aumentarás el potencial de tu naturaleza conociendo las mejores combinaciones de tu ropa para tu tipo de cuerpo; evitarás pelear con tu tipo de cabello y observarás que ese ángulo de tu cara es súper atractivo; y, sí, también hasta cómo lavar tu ropa, ¡gran inversión!, pasando por accesorios, zapatos, plumas y más...

Esta lectura no sólo se trata de verte bien, el objetivo es lucir espectacular, ¡siempre! De querer verte al espejo y decir: "¡Cuidado, *baby*!". La moda masculina tiene ese secreto: la naturalidad, el hombre elegante, el hombre *fashion* y hasta el sport no necesitan gritarlo ni con accesorios carísimos, ni con combinaciones indescifrables.

El hombre de hoy sabe que su arreglo personal es fundamental para triunfar. ¡Sé tú! Con una mejor versión.

Un hombre que se ve perfecto en todas partes es aquel que se conoce a sí mismo.

GISELA
MÉNDEZ

CAPÍTULO 1

YO, TARZÁN, ¿TÚ...?

En este capítulo vamos a descubrir tu potencial, es decir, vamos a ver cuáles son tus cualidades (cuerpo y cara) y cómo sacarles provecho. ¡Apunta!

LAS TRES FIGURAS MASCULINAS

1. Cuerpo tipo V o mesoformo

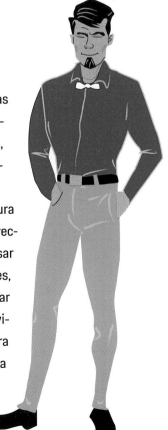

Figura atlética y estilizada, con hombros más anchos que las caderas y piernas, y con cintura angosta. También hay hombres que tienen esta estructura, pero no son tan atléticos, son más delgados. La clave es que, sin duda, siempre resaltan más los hombros que el resto del cuerpo.

Si eres de éstos, luce tus proporciones, porque tu figura es muy atractiva. Todo depende de lo que tú quieras proyectar. Tener una figura visualmente agradable te permite usar prácticamente todo; sólo necesitas refinar algunos detalles, dependiendo de la ocasión. Por ejemplo, puedes ensanchar más los hombros con tonos claros para verte más fuerte, viril o agresivo; o vestir prendas en una sola tonalidad para verte más estilizado, alto y delgado. ¡Tú eres el estratega del momento!

Temperamento que suele acompañar a estas características físicas: tenaz, firme, dominante, decidido, pasional, optimista, accesible.

Telas y texturas recomendadas para corbatas: siempre de seda; lisas y con impresos, ya sean rayas o microestampados.

Prendas que te hacen lucir bien:

Parte superior

- Playeras o *t-shirt* con cuello en V, redondo o tipo polo.
- Camisas clásicas, Mao o *slim fit*.
- Suéteres de texturas suaves o delgadas, cerrados con pequeño cuello de solapa. Si eliges texturas para potencializar tu figura, prefiere las navajas o nórdicas. ¡Lucirás muy fortachón!
- Sacos de corte americano, sacos desestructurados (que no tienen forro, porque tu figura es la que les da simetría), saco *slim fit* de dos o tres botones (sobre todo si eres delgado).
- Chalecos: si, y sólo si, hacen juego con el saco; de lo contrario, lucirás muy delgado de la cintura y puedes verte desproporcionado.

Parte inferior

- Pantalones rectos, corte bota, *relaxed* (tus jeans perfectos son los "regulares", corte clásico).
- Pantalones tipo cargo (con bolsillos laterales).
- Pantalones con estampados, con alguna textura o diseño (raya de gis, cuadros o deslavados) para un look más casual.
- Shorts o bermudas a la altura del muslo.

Si tienes una figura así y deseas destacarla, utiliza colores claros en la parte superior (o prendas con mucha textura). Pero si deseas crear un balance entre tus hombros y tus piernas, lleva tonos oscuros en la parte superior o textura en los pantalones.

Recuerda que si deseas verte más alto, busca que tus pantalones estén a juego con la parte superior.

Evita:

- ≋ Fajar las playeras a la cintura (cuando llevas un estilo casual).
- ≋ Estampados muy grandes, ya que romperán las proporciones de tu figura y lucirás gordo.
- ≋ Vestir pantalones pitillo, pues harán que tus piernas luzcan frágiles y desproporcionadas.
- ≋ Hacerle dobladillo externo a tus pantalones. Eso hace que tus tobillos se vean delgados y endebles.
- ≋ Utilizar charreteras u hombreras en sacos o chamarras porque darás un mensaje de agresividad.
- ≋ Vestir jeans muy pegados al cuerpo (los *skinny* o *slim*), porque deslucen la parte inferior. Ni tampoco los muy relajados (*baggy* y *loose*), porque te harán ver grueso.
- ≋ Comprar ropa que no sea de tu talla. Si eliges prendas muy ajustadas, parecerás anuncio de complemento alimentario: tus músculos superiores serán el foco de tu imagen. Por el contrario, si usas ropa demasiado holgada, no le harás ningún favor a tu estructura. Por lo tanto, que sea de tu talla, ¡por favor!

A tu cuerpo le va casi todo, sólo cuida las proporciones y ya estás, ¡vámonos, Capitán América!

2. Cuerpo tipo H o ectoformo

El cuerpo tipo H se distingue por una figura clásica, pero a la vez muy contemporánea. Los hombros y caderas lucen proporcionales, haciendo lucir a los hombres delgados y definidos, o simplemente con una complexión regular. Podemos decir que es la fisonomía más común entre hombres (¡siempre serán los delgados de la casa!).

Los hombres con estas características nunca llegan a ser muy robustos, sin embargo, en algunas ocasiones pueden aparentar un abdomen más voluminoso. Pero no se preocupen, lo ideal para este cuerpo es definir la cintura para lograr un equilibrio visual masculino.

Temperamento que suele acompañar a estas características físicas: reflexivo, retraído, frío, serio, sensible, detallista, minucioso.

Telas y texturas recomendadas para corbatas: con estampados pequeños: flores, figuras geométricas, líneas, rayas. Y, una vez más, en seda. *Prendas que te hacen lucir bien:*

Parte superior

- Playeras con estampados lineales, florales o a cuadros.
- Camisas desabrochadas, texturizadas y hasta con charreteras.
- Suéteres con cuello en V, desde lisos, con texturas y cárdigan de mediano a largo.
- Chamarras cazadoras o con resorte a la cintura.
- Sacos clásicos con dos o tres botones, sacos con ribete en las solapas (¡júntate conmigo!), sacos corte italiano (si eres delgado), sacos cruzados.
- Los sacos texturizados son lo tuyo: tweed, lana, etcétera.
- Un traje con chaleco te hará ver muy bien... ¡¿a qué hora sales por el pan?!
- Texturas y colores claros.

Parte inferior

- Pantalones *slim fit*, rectos o de corte bota.
- Pantalones con bolsillos sobre la costura o hasta de doble ribete.
- Cinturón angosto.
- Shorts o bermudas arriba de la rodilla o hasta el muslo.

Si tienes una figura así es posible usar las tan famosas corbatas *slim* y lucir espectacular. Es muy fácil: cuerpo delgado, corbata delgada ¡y listo!

Recuerda que los estampados enormes o corbatas muy anchas, te harán ver desproporcionado, ¡error!

Evita:

- ▨ Llevar chamarras y abrigos sin acinturar.
- ▨ Usar ropa de tallas más grandes, eso hace que te veas más delgado. Parecerá que llevas un gancho de ropa en lugar de espalda...
- ▨ Vestir jeans *skinny*, *loose* o *relaxed* porque pueden hacerte ver descuidado, y muy delgado o muy grueso, según sea el caso...
- ▨ Usar prendas muy cortas y ombligueras. Por más delgado y trabajado que esté tu cuerpo, ¡te verás un poco corriente... tsss!

Hay algo que a ti te queda increíble: los sacos con ribete en las solapas. ¡Júntate conmigo, vaquero!

3. Cuerpo tipo O o endoformo

Figura robusta y grande; con hombros, abdomen y piernas torneadas y gruesas. Ésta es una estructura más suave y con ciertas curvas tanto en brazos, pecho, abdomen, caderas y nalgas.

Un hombre con este tipo de cuerpo debe, precisamente, romper con las redondeces, llevando prendas de telas suaves, nada rígidas. No se trata de esconder nada, sino de exaltar tus formas, para que el cuerpo luzca armonioso y natural a su "anchura".

Temperamento que suele acompañar a estas características físicas: calidez, generosidad, cariñoso, perezoso, tolerante, alegre, cordial.

Telas y texturas recomendadas para corbatas: seda y tejidas, con estampados de medianos a grandes coordinados con el tono de su traje, para ganar armonía en su figura, ya que la corbata reduce el volumen de la parte superior del cuerpo.

Prendas que te hacen lucir bien:

Parte superior

- Camisas sin abrochar el botón cercano al cuello y sin ajustar al pantalón, ¡esa panza!
- Playeras a juego con un cárdigan, dejando ver un poco la playera.
- Suéteres cuello en V o con cuello tipo polo sin abrochar.
- Chalecos del mismo tono de la camisa o playera.
- Sacos de uno, dos y hasta tres botones.
- Las gabardinas son lo tuyo, ¡inspector!, digo lector...
- Prefiere tonos oscuros en la parte superior y prendas de telas delgadas.

Parte inferior

- Los jeans clásicos o regulares son lo tuyo.
- Pantalones *relaxed* o *baggy*.
- Pantalones con textura suave o con estampados sutiles (rayas de gis o cuadros).

Si tienes una figura así, lleva el traje de un solo color y genera contraste con la camisa o polo. También puedes llevar tres tonos, por ejemplo: playera rayada horizontal, chamarra de mezclilla y pantalón caqui, ¿por qué no? Las prendas superpuestas (mientras sean de telas delgadas) te permiten romper tu forma esbelta; por lo que usar playera y encima una camisa es lo tuyo, ¡mi negro santo!

Recuerda que si tu abdomen es prominente debes preferir corbatas con estampados más grandes (rayas, flores o cuadros) para unificar tu tamaño. El propósito no es necesariamente verte más delgado, sino lucir con simetría tu estructura.

Evita:

- Playeras con cuello redondo o suéteres con cuello ruso.
- Prendas de nailon o de telas muy pegadas a tu cuerpo.
- Chamarras con resorte a la cintura.
- Sacos cruzados.
- Telas gruesas.
- Jeans con demasiada tela, como los *loose*, porque te harán ver muy grueso; ni los *skinny* o pitillo, ya que se pegan en las piernas haciendo que la parte superior luzca muy grande mientras la parte posterior luce muy pequeña, ¡desproporción total!
- Estampados muy grandes te hacen ver más corpulento.
- Sacos con hombreras, pues sólo te verás incómodo y fuera de dimensión con tu propio cuerpo...

¡Vámonos, míster Hitchcock!

Como puedes ver, es más fácil trabajar la imagen de un hombre si lo dividimos en dos: área superior e inferior. El secreto siempre es equilibrar ambas partes del cuerpo y hacer del conjunto algo armónico. De este modo, nos podemos concentrar potenciando lo mejor de cada una y, al mismo tiempo, favoreciendo la figura completa. Es como armar un rompecabezas en el que cada pieza es importante y embona perfectamente con las demás. El resultado es algo así como "la parte por el todo".

TAMAÑOS, MEDIDAS Y ESCALAS, *¡CHECK LIST!*

Vamos a continuar hablando del cuerpo, pero específicamente nos concentraremos en los detalles: iremos del rostro, al cuello, pecho, brazos, piernas y más, para que descubras tus cualidades y las utilices con ventaja para potenciar tu imagen... Y armar un rompecabezas... digo, ¡un hombre!

¡Caras y gestos!

Vamos a iniciar hablando de los tipos de cara y de sus posibilidades en cuanto al uso de barba, anteojos y cortes de cabello.

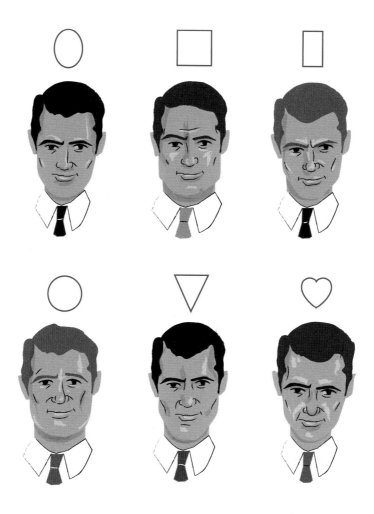

Cara cuadrada (Jorge Clooney, Brad Pitt, John Cena, Mario López): se distingue por tener prácticamente la misma anchura en frente, pómulos y mandíbula. La simetría de estas tres partes de la cara debe formar un cuadrado. Cuando la mandíbula es recta y los pómulos no sobresalen, lucen proporcionados al rostro.

Cabello: como la mandíbula es la que define esta cara, puedes llevar el corte a los extremos: ya sea muy corto o muy largo... ¿Motivo? Para enfatizar tus cualidades. Por ejemplo, si tienes una piel excelente, llévalo muy corto; si deseas que no miren tanto tus facciones, déjalo un poco más largo. Así éste acaparará la atención y no tu cara. ¡Aunque tampoco vayas a olvidar cuidar tu estilo!

* Añade volumen en la parte alta, fleco largo desordenado, o copete alto y despeinado hacia arriba.
* Fleco largo cubriendo un poco la frente.
* Permite que las patillas enmarquen tu cara o lleva un ligero ondulado al frente.

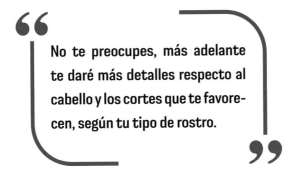

> " No te preocupes, más adelante te daré más detalles respecto al cabello y los cortes que te favorecen, según tu tipo de rostro. "

Barba y bigote: la cualidad de este tipo de rostro es ser varonil, y puedes potenciar tus facciones, dejando crecer más tu barba y luciendo esos pómulos. Si éste es tu caso, permítete llevar una ligera y muy corta barba con bigote. Algo así como al estilo Clooney. Este *dirty look* enfatiza tus facciones haciéndote lucir atractivo, masculino e interesante. ¡Demuestra poder! En verdad, si tienes este tipo de cara, prácticamente lo que te hagas te hará ver muy bien y ¡eso nos encanta!, ¿o no, Amal?

* Usa candado o candado unido.
* Lleva una ligera y sexy barba (de tres días es ideal) o bien muy larga, tipo leñador, perfecta para ocultar cicatrices.
* Usar una barba pequeña tipo mosquetero.
* Barba que delimite toda tu mandíbula.

Lentes: busca armazones con marco en la parte superior, con armazón delgado y orillas redondeadas.

≋ Elije armazones tipo aviador, *browline*, redondos, ovales, rectangulares, *wrap*.
≋ Aléjate de los armazones redondos, porque crean distracción, y de los pequeños, ya que harán que tu cara se vea desproporcionada.

Cara diamante o rombo (Ryan Gosling, Adrien Brody, Ryan Reynolds): es aquel que tiene una frente pequeña en comparación con las mejillas, las cuales lucen pronunciadas hasta la barbilla, que se torna angosta, igual que la frente. Es un poco raro encontrar este tipo de rostro, pero lo hay.

De hecho, puede confundirse con la cara tipo triangular (o triangular invertida), pero eso ya lo verás más adelante...

Si tienes este tipo de rostro la barba puede ayudarte a evitar que luzcas muy delgado y al mismo tiempo puede darte un toque masculino o crear la sensación de una frente amplia; que, como dirían los orientales, es de hombres de pensamiento. Por lo tanto, podemos darle volumen a tu rostro con algunos truquitos, ¡Shazam!

Cabello: lo que necesita un tipo de cara así es volumen en la parte superior. En todo caso hay que equilibrar el maxilar, darle más amplitud.

≋ Pide volumen en la frente y coronilla.
≋ Utiliza la frente despejada.
≋ Permite la caída natural.
≋ Lleva el cabello ligeramente largo, o sea, una "melenita". Sólo cuida que no llegue hasta la mandíbula, porque creará el efecto contrario: ensanchará tu cara.

Barba y bigote: como tus pómulos son muy marcados, puedes equilibrar el volumen de tu rostro con una barba, la cual puede ser corta, larga o tupida, con la cual también te puedes ver muy bien.

≋ El bigote no debe ser muy delgado ni tan grueso que compita con tus labios.

- La barba bien delineada y tupida te da volumen.
- El largo de tus patillas debe ser hasta el lóbulo de la oreja, o sea, al nivel de tu trago (hablo de la parte que divide a la oreja, pero también, ¿por qué no?, ¡salud!)
- Barba tipo mosquetero, sin bigote.
- Barba delgada desde la patilla y por toda la mandíbula con o sin bigote.

Lentes: usa armazones angulares (los extremos deben apuntar hacia fuera y superar ligeramente el ancho de tu cara) o elige unos gruesos en la parte superior.

- Elije armazones redondos, ovales o *wrap*.
- Aléjate de los tipo aviador, ya que éstos sólo harán que tu cara se vea más angosta de la parte inferior. Los lentes tipo rejilla tampoco te harán verte guapo, por el contrario, tu rostro se verá muy angosto y de otro planeta... A menos que eso quieras. ¡Tierra llamando a cara de rombo!

Cara rectangular (David Schwimmer, Kevin Bacon, Adam Levine): es alargado y estrecho. Como hay poca carnosidad en las mejillas, los pómulos se perciben delgados y en ocasiones se delinean mucho los huesos de la cara.

Cabello: este tipo de cara es todo un reto, ya que si te haces un gran copete hacia arriba crearás una cara triste y todavía se verá más delgada. Sugiero cortar un poco la longitud con un fleco largo, divertido y muy bien peinado.

- Ligeramente recto o curvo.
- Lleva volumen en las sienes y los lados.
- Puedes peinarte de raya en medio.
- Utiliza rizos en la parte superior.

Barba y bigote: aquí, un bigote es ideal, no más; aunque la barba le daría peso visual a las mejillas, marcaría más la delgadez del rostro y lucirías enfermo: cof, cof, cof, ¡y eso, jamás! Mejor, proyecta fuerza.

- ※ Llevar un bigote te permite cortar de manera natural lo alargado de tu cara, ¡es excelente idea!
- ※ Utiliza barba ligera, si te crece a los lados es ideal; si no, sólo usa el bigote.
- ※ Lleva el bigote y barba al mismo tiempo y preferentemente tupida.
- ※ Un candado no hará que luzcas mejor, ya que visualmente adelgaza tu cara. Lleva bigote o barba completa, pero el candado solo, ¡no! Lo siento, ¡soy muy exigente!

Lentes: escoge armazones un poco más anchos que tus sienes, con orillas ligeramente hacia arriba. En realidad sólo tienes que cuidar la proporción.

- ※ Elije *browline*, redondos, ovales, rectangulares. Y para el sol te recomiendo *wayfarer*.
- ※ Aléjate de los armazones de aviador, así como los redondos y angostos, ya que lucirán desproporcionados en tu cara, ¡parecerás robot!

Cara ovalada (David Beckham, Harry Styles, Enrique Iglesias): dicen por ahí que el rostro ovalado es mejor... pero aquí entre nos, creo que la mejor cara es la de cada uno. No hay ni buena ni mala, el secreto es saber cómo lucirla.

La cara oval es aquella que se distingue por la simetría y el balance en las tres partes del rostro: frente, mejillas y barba. Es un rostro que por naturaleza luce equilibrado. Es una cara de verdad parecida a un huevo, ¡sí, a un huevo!, ¿qué te digo?

La ventaja de este tipo de rostro es que no es necesario exagerar con su arreglo. No hay que dramatizar en su estilismo, a menos que tu intención sea llamar la atención hacia una característica específica. Por ejemplo, si tienes un cabello sano y dócil, puedes dejarlo más largo; si tienes cejas tupidas y súper sexis, puedes cortar mucho el cabello, para que tus cejas destaquen más. Tú decide qué facción quieres enfatizar y listo, ¡majo!

Cabello: puedes usar cualquier tipo de corte. Sólo mantén tu estilo arreglado.

Barba y bigote: puedes usar cualquier estilo de barba y bigote, ya sea candado, leñador; sólo vigila la proporción con tu cara.

Lentes: te queda bien cualquier modelo, Por lo tanto, busquemos en el baúl de los recuerdos y si tu abuelo dejó algunos armazones, úsalos, seguro te van bien y crearás una imagen única, como tú, ¡claro!

※ Elige *browline*, redondos (que no sobrepasen el ancho de tus sienes), ovales (no muy delgados), rectangulares o *wrap*, y para el sol utiliza aviador y *wayfarer oversize*.

Sugerencias
para cualquier
tipo de anteojos
Cuida que el armazón corresponda
con tu colorimetría.
Eso lo descubrirás más adelante...

Cara redonda: debo confesar que una cara redonda (Zack Efron, Leonardo di Caprio, Ed Sheeran, James Corden) siempre se verá muy juvenil. Esas caras llamadas *baby face* pertenecen a los hombres de cara redonda. ¡Lo siento, Jose, hijo mío!, siempre te verás joven... lo cual no está nada mal, ¿o sí, chicos?

Los pómulos destacan más que la mandíbula. Y podría llegar a presentar un poco de "abultamiento carnoso debajo de la barba, o entre ella y el cuello", eso dice la RAE, pero yo digo: papada.

Cabello: un rostro redondo nos permite crear formas geométricas donde no las hay. Es decir, que con la barba y el cabello puedes crear simetría y equilibrio; por ejemplo, un corte de cabello más largo en la parte superior y usar barba mediana o larga estiran tu cara y rompen la circunferencia.

※ Las líneas curvas así como ondulaciones y efectos de movimiento son ideales.

※ Usa volumen a la parte superior de la cabeza y a nivel de los oídos.

※ Péinate con la raya de lado.

Barba y bigote: el objetivo para equilibrar estas facciones es romper la circunferencia para que esta cara luzca masculina y no infantil, demasiado juvenil o, en su defecto, gordita... para que no parezca que estás pasado de peso ya que sólo la cara es redonda. En este caso te sugiero llevar barba y bigote tipo candado, para romper la redondez de tus facciones y lucir varonil, más que bonito. O también puedes usar barba muy corta y delinear tus mejillas con un trazo ligeramente inclinado. Este truco o efecto visual hace que tu cara se vea más delgada: redonda pero con ritmo, *¡yeah!*

- Barba completa con corte diagonal en las mejillas.
- Candado.
- Bigote angosto.
- Barba delgada desde la patilla y por toda la mandíbula con o sin bigote.
- Barba pequeña tipo mosquetero.

Lentes: busca diseños cuadrados o rectangulares del ancho de tus sienes. Utiliza armazones delgados o volados.

- Elige armazones tipo aviador, redondos, *wrap* o rectangulares.
- Aléjate de los lentes redondos.

Cara triangular (Marc Anthony, Nicolas Cage, Jud Law, Chris Pine): es aquella que tiene una frente ancha y amplia. No, no hablo de los chicos calvos... aunque también hay chicos con poco pelo y rostros triangulares, mucho ojo.

¡Foco, foco!, ¡uf!, con eso ya estás definido: tienen una forma como de foco, más anchos de las sienes y mejillas, pero angosto en la mandíbula. La clave es la barbilla muy delgada.

Cabello: deja crecer tu cabello y permite que caiga sobre tus ojos, tu frente; esto permite romper un poco lo ancho de tu frente.

- Péinalo al natural, un poco despeinado, ¡libre soy, libre soy!
- Si lo dejas crecer, llévalo largo en la nuca y despeinado para que aumente el volumen de tu mandíbula.
- Utiliza volumen en la parte superior, a nivel de los oídos y hacia arriba.

Barba y bigote:

- Patillas delgadas y recortadas.
- Bigote proporcional al tamaño de tus labios.
- Candado y barba muy finos.
- Barba pequeña tipo mosquetero.

Cuidados generales para tu barba y bigote

- Recorte semanal.
- Observa que el pelo jamás toque tus labios.
- Evita pintar la barba y/o el bigote.
- El tamaño del bigote lo marca la boca.
- La barba blanca luce muy bien corta.

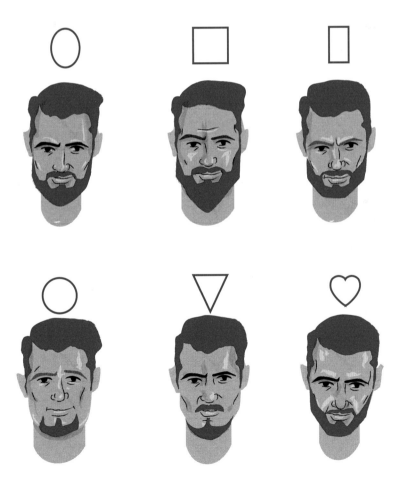

Lentes: busca anteojos de formas cuadradas y rectangulares muy marcadas, especialmente en la parte superior; son las mejores opciones para tu tipo de cara.

  ※ Elige armazones tipo aviador, *browline*, ovales (no muy delgados), cuadrados, rectangu-
    lares o *wrap*.
  ※ Aléjate de lentes de gota o redondos.

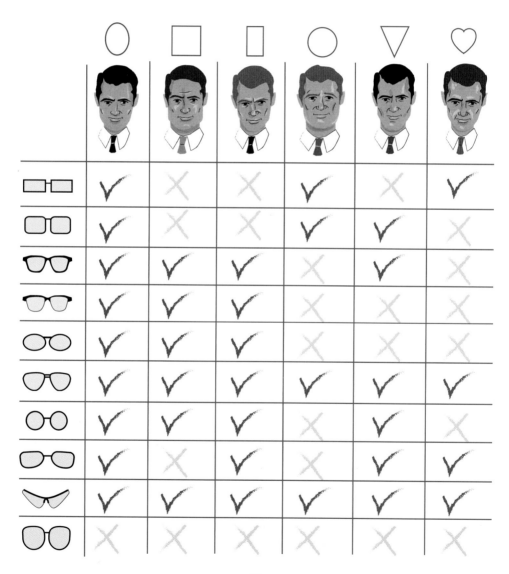

Míster fantástico, tenemos que hablar de tu cuello...

Chicos con cuello grande, robusto, ¡fuertes!

Si tienes un cuello ancho o corto, debes sólo generar armonía con tu cuerpo y hacer pasar desapercibido el cuello grueso o la falta de éste. Sigue las instrucciones y ¡listo!

- Evita abotonar el último botón cercano al cuello, con este efecto lo acortas.
- Elige playeras de cuello en V. Como última opción usa cuello redondo... no es mi máximo, ¡lo siento, debo ser sincera!
- Usa suéteres en V (sólo con éste podrás usar las playeras con cuello redondo), ya que el efecto óptico hace que se alargue tu cuello.
- El uso de corbata no es ideal y, aquí "entre nos", si no deseas llevar corbata, no la uses, yo te doy permiso. ¿Por qué? Muy fácil: a tu figura le favorece mostrar el cuello y si no es obligatorio llevarla, no lo hagas. ¡He dicho!
- Si te gustan las charreteras y toda la inspiración militar en tu ropa cerca del cuello, los detalles deben ser mínimos debido a que lo acortan.
- Si te gustan los estampados, opta por diseños acordes con tu proporción o, por el contrario, minúsculos. Ten en cuenta que estampados medianos a muy grandes pueden desproporcionar el tórax y, por lo tanto, el cuello resaltará como un elemento grande...
- Las tonalidades oscuras en la parte superior adelgazan. Por lo tanto, te harán ver armónico.
- Elegir el cuello apropiado de tu camisa hará que el tuyo se vea masculino; opta por los *botton down* y Mao. *Bellissimo uomo!*
- Subir el cuello de alguna chamarra por la parte trasera te ayuda a alargar el cuello y lucir más estilizado.
- Utilizar algunas capas en tu cuello funciona, ¡sí! El uso de *pashminas* sin anudar, que caigan ligeramente o con un nudo bajo, te dan ese toque chic y refinado que tu cuello requiere.
- Procura que las prendas de la parte superior sean del mismo color. Esto es, si llevas traje marino busca que la camisa sea azul cielo y la corbata también.
- Lleva siempre la tonalidad más oscura arriba y la clara en la parte interna.

Pectorales amplios o angostos, ¡romanos!

A ver, hay de pectorales a pectorales... El grande y atlético y el grande y un poco grueso. Pero tranquilo, a los dos les explico qué hacer. *¡Piano, piano!*

Pecho atlético

- Utiliza playeras a tu medida. Evita las que son muy largas, porque pueden hacerte ver con más abdomen y no queremos más de lo que ya hay.
- Elige camisas clásicas y *slim fit* de manga larga (olvídate de las mangas cortas, éstas hacen ver tus brazos demasiado exagerados).
- Viste sacos *slim fit* o corte italiano, ¡le van muy bien a tu cuerpo!
- Lleva chamarra de piel y una camisa del mismo tono, ¡guau!, te verás de pasarela.
- Desabotonar un poco la camisa y lucir el pecho atlético se agradece... digo, te hace ver muy bien.

Pecho robusto

- Viste de cebolla, por capas. Al igual que el cuello grueso, si usas varias texturas, el juego visual hace que el volumen de tu pecho luzca agradable.
- No le tengas miedo a los sacos, suéteres largos o camisolas, éstos ayudan siempre y cuando sean de tu talla, ¡carpas de circo, no!
- Las playeras con logos, estampados y frases te van muy bien; sobre todo si encima te pones un saco o suéter: harán contraste y te verás muy moderno.
- Lleva tanto la camisa como el saco o suéter del mismo tono y si éste es oscuro, mejor.
- Es indiscutiblemente perfecto usar la playera con el tono del pantalón, y el saco o suéter en otro tono. Es lo mejor para los hombres grandes. ¡Te como!

- El efecto del traje en combinación (saco y pantalón) y la playera o camisa de otro tono también va *ad hoc*.
- Lleva chaleco siempre y cuando haya juego de tonalidades con tu camisa, pero evita el alto contraste (chaleco caqui con camisa negra), ¡eso no! Lo ideal sería una camisa blanca con un chaleco gris muy claro.
- Utiliza una camisa clara con un saco oscuro, ¡me gusta!
- Puedes usar un saco claro con camisa oscura (alto contraste) Pero ¡uy!, estas combinaciones deben ser muy cuidadas; tanto la camisa como el saco te deben quedar impecables. Si no, opta por una camisa con estampado pequeño.

Fuertes, musculosos... como Thor, digo, Chris; ¡uffff, qué brazos!

Brazos largos. Esto puede ser un problema si no se toman las medidas adecuadas, ya que puede proyectar una imagen descuidada...

- Manda hacer tus camisas justo a la medida. De no ser así, mi recomendación es que busques una marca que tenga mangas más largas. Sí, muchas firmas tienen diferentes tallas y largos diferentes y en alguno estarás. Sólo ten paciencia.
  - Usa las camisas arremangadas, este efecto es muy agradable para los eventos casuales.
  - Si llevas suéter, enróllalo dejando ver un poco la camisa; el efecto que creará es acortar esos brazos largos.

Brazos cortos. Con éstos también podrías mostrar abandono y dar una mala imagen; para evitarlo, te sugiero lo siguiente.

- Lleva a una sastrería todas (¡todas!) tus prendas para que las ajusten a tu medida. Imagínate si tu pareja o tu jefe te ven con alguna manga muy grande...
- Procura que las dos prendas superiores sean del mismo tono o gama, ya que si usas tres tonos diferentes, delataremos nuestro defectito...

Brazos gruesos. Aunque no lo creas, tener los brazos gruesos no es ningún problema, ya que lucirás muy masculino, siempre y cuando los trabajes. Por lo tanto, ¡a darle!

- Si tus brazos están bien trabajados, presúmelos; pero no exageres en los trabajos corporativos. Lleva la camisa de tu talla y no a punto de reventar. Eso sí desluce tu imagen.
- Utilizar uno o dos colores te hacen ver armónico. Ya sea suéter con camisa, chaleco con camisa, o saco con camisa.
- Si tus brazos son gruesos, pero no trabajados, lleva prendas del mismo tono en la parte superior y que no te aprieten nada.

Brazos delgados. Tener brazos delgados te da la oportunidad de llevar prenda sobre prenda, jugar con los colores y generar muchas combinaciones en tu guardarropa. Por ejemplo, puedes usar el chaleco azul marino con una camisa azul clara y verte muy bien. Lo importante es que uses tonos claros que expandan el volumen y nada pegado a tu cuerpo. Listo, ¡a triunfar!

Cuatro... tres... dos... ¡uno más!, ¡con fuerza!: el abdomen

Abdomen generoso. Un abdomen generoso debe llevarse con elegancia y porte. Si ya eres un hombre grande, saquemos provecho a tu físico.

- Recuerda que los colores oscuros te hacen ver más estilizado y no hablo precisamente del negro, puedes llevar los tonos oscuros que vayan de acuerdo con tu colorimetría y listo.
- Lleva saco oscuro y playera en tono claro, para días casuales; o saco y playera o camisa del mismo tono, ¡eso te va perfecto!
- Usa cárdigan (incluso largo o con estampado) y serás un hit.

- Cuida que tus chamarras lleguen ligeramente debajo de tu abdomen. Así lo tapamos y no lo hacemos ver más grande.
- Las chamarras de piel delgada y las gabardinas son lo tuyo; incluso de inspiración militar, *home run!*
- Un saco con textura suave también te va bien.

Tu trasero, ¡desenfunda, vaquero!

Un hombre resaltará por sus atributos, déjame mencionar algunos: una excelente actitud, paso firme y, ¡claro!, un buen trasero. Para asegurarnos de que éste no falle, mira tu clóset y gírate, digo, dispara...

Con trasero. Tienes la posibilidad de llevar el pantalón que quieras, siempre y cuando no sea demasiado ajustado, ya que esto podría oprimir y aplastar tus atributos naturales.

Sin trasero. Tranquilo, aquí estoy, no pasa nada. Éstas son las indicaciones para que te veas espectacular desde donde te miren.

- Lleva pantalones con bolsillos traseros para añadir peso visual a tus pompas.
- Busca pantalones con pinzas traseras. Puedes llevar algunos con el sastre o modista y pide que le hagan pinzas en el contorno de la cadera, debajo de la cintura, donde empieza a nacer la pompa.
- Adquiere pantalones que tengan bolsillos de ojal con tapa o bolsillo de solapa ancho, éstos le dan volumen al trasero.
- Lleva pantalones en colores claros, estos tonos siempre dan la ilusión de más volumen.

Regresaré en un flash, ¡piernas!

Definitivamente, las piernas son las que llevan la batuta de la imagen en un hombre. Empecemos...

Piernas largas. Tener piernas largas es un atributo siempre positivo. El único problema surge por las bastillas que se deben arreglar para que te queden a la altura perfecta; pero eso es lo de menos.

Sólo un hombre con piernas largas podrá llevar los siguientes tipos de pantalones. Te toca aprender a distinguir qué necesitas y cuándo, ¿sale?

- Cargo, o sea aquellos que tienen bolsas a los lados.
- De algodón o chinos (pantalón de gabardina) doblados por la bastilla. Actualmente hay marcas que tienen el tono interior distinto, precisamente para que puedas doblar la bastilla y luzca el color.
- Capri, que son los que dejan ver un poco tu pantorrilla, ¡eso te queda bien!
- Pantalones beduinos, son holgados y cómodos.

Piernas cortas. Tener piernas cortas no tiene por qué ser un problema. Sigue mis pasos:

- Llevar pantalones al tono de la camisa o del cinturón hará lucir tus piernas más largas.
- Evita llevar pantalones cargo, que son los que tienen varias bolsas en las piernas.
- Tapa el tacón de tu zapato con el pantalón.
- Usa botas vaqueras y tápalas con tu pantalón.
- Ponte botines del mismo tono del pantalón para alargar tus piernas.
- Lleva zapatos del mismo tono del pantalón, ¡bingo! Buenísimo para ti.

Piernas gruesas. Hay de piernas a piernas... Hay las que son musculosas y anchas por ejercicio, y hay las corpulentas. En cualquier caso, deben lucir impecables y "airosas".

- Los colores oscuros siempre van a equilibrar tu figura; y si además quieres verte alto, lleva el mismo tono de pantalón, playera y/o camisa.
- Si lo que quieres es que tus piernas se vean grandes y fuertes, usa tonos más claros en los pantalones.

- Evita las bastillas volteadas; este efecto acorta las piernas y lucirán más gruesas.
- Los bolsillos al costado son preferibles a los que se abren en diagonal, porque al inclinarte o subir de peso, éstos ya no se pueden abrir tanto.

Mírate con detenimiento, de manera objetiva: brazos, piernas, abdomen, cuello... y sé honesto contigo mismo: ¿realmente te queda lo que usas? La intención de este libro es darte los recursos para que luzcas proporcionado, visualmente agradable pero, sobre todo, que te sientas a gusto con tu cuerpo.

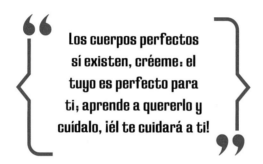

Los cuerpos perfectos sí existen, créeme: el tuyo es perfecto para ti; aprende a quererlo y cuídalo, ¡él te cuidará a ti!

CAPÍTULO 2

COLOR

*S*omewhere over the rainbow... o lo que es lo mismo: "En algún lugar sobre el arcoíris...". Ésta es la clásica canción que interpreta Dorothy en *El mago de Oz* y nos da pie para hablar de cómo usar el color a tu favor.

Lo primero que debes hacer es conocer tu colorimetría, esto es, saber qué colores te favorecen según tus características físicas. Por lo tanto, dedícame el cien por ciento de tu atención. ¡Tus ojos aquí!, ¡aquí!, ¡mira que soy celosa!

PERFIL CÁLIDO: PRIMAVERA Y OTOÑO

Cabello	Castaño claro, castaño medio, castaño claro, cobrizo, rubio dorado, pelirrojo.
Ojos	Verde, miel, café.
Piel	Marfil, beige, durazno, dorada, morena, rosácea.

Cabello	Castaño oscuro, castaño cenizo, negro, rubio platinado, rubio medio, gris.
Ojos	Negro, café, azul, violeta, gris.
Piel	Blanca, blanca traslúcida, pálida, rosácea, negra.

Uno, dos tres, cuatro, cinco, ¡mambo!

Antes de continuar, es importante señalar que existen cinco colores indispensables en el guardarropa de cualquier hombre, de acuerdo con tu perfil. Sí, son los básicos totales porque proyectan versatilidad, audacia, contemporaneidad y gusto por lucir impecable invariablemente. ¡Abre tu guardarropa y empieza a contar!

Perfil frío

1. *Gris:* en un tono medio resulta muy combinable; por ejemplo, puedes combinar un pantalón gris con camisa blanca (si es evento de gala) o con rosa, lila, malva, azul, verde agua. Éstas son combinaciones clásicas y seguras.
2. *Azul marino:* el color del triunfo. ¿Razón? Muy fácil, la piel de los mexicanos luce sana, vital, incólume. Emocionante, ¿verdad? Para los negocios un traje azul marino va perfecto con una camisa en un tono claro (azul cielo, rosa pastel y hasta gris

claro). Para un viernes casual, cierra con broche de oro usando traje azul marino y camisa negra sin corbata. i*Trendy*!, casi de alfombra roja.

3. *Borgoña (vino o magenta):* dale el nombre que quieras pero, por favor, iúsalo! No hay combinación que se le resista a este color. Seguro tienes un traje azul índigo o marino y siempre lo usas con zapatos cafés o negros, pero ¿qué te parecería con un par de zapatos color vino?, perfectos, ¿verdad que sí?

4. *Blanco:* y no necesariamente como la nieve. Esto es precisamente lo divertido de este color: la variedad. Por ejemplo, podemos usar un blanco ostión en una guayabera, un blanco aperlado en un traje de lino o un blanco mate impecable en una camisa (un *must* ideal para galas o firmas de contratos).

5. *Negro:* no te desanimes, siempre hay lugar para un negrito en el arroz, je, je. Por lo tanto lleva el negro en combinación con gris, azul y marrón, isimplemente espectacular! ¿Cuándo usar un *total black*? En una ocasión de luto, una gala y siempre por la noche.

Perfil frío: invierno y verano

Perfil cálido

1. *Azul marino:* este tono será tu mejor aliado en tus actividades formales como entrevistas de trabajo, presentaciones o reuniones en las que quieras proyectar poder, fuerza y estatus. Imagina un traje azul marino con camisa beige, verde o granate.

¡Me caso! Pero si lo utilizas en exceso, el efecto será el contrario y lucirás aburrido y monótono.

2. *Beige:* definitivamente es tu comodín ya que lo puedes combinar con todo y es precisamente el balance que necesitas para mezclar con los colores oscuros de tu gama. Por ejemplo, camisa beige con pantalones café, polo beige con pantalón azul marino, traje de lino beige con camisa color paja...

3. *Miel:* el tono neutral que le da ese toque chic a las combinaciones casuales; por ejemplo, un pantalón miel con blazer azul marino, o unos jeans azules con un saco miel.

4. *Marrón:* a mí en lo particular me fascina este tono aunque es difícil de combinar; pero al ser parte de la gama cálida resulta ser un color ideal para verte formal sin ser aburrido. Por ejemplo, puedes usar un pantalón marrón con un suéter de cuello alto color guinda, un traje marrón y camisa azul marino.

5 *Coral:* cierro con el color que te da vida y que prácticamente para ti es un *must* en la temporada de verano. Este tono te permite darle creatividad y alegría a tus *outfits*. Ya sea que lo uses en camisas, playeras o accesorios, va con casi cualquier combinación.

Perfil cálido: otoño y primavera

Abre tu clóset y si observas más de dos trajes del mismo color... ¡oh, oh, problemas! Te estás perdiendo del bullicio de gamas, tonalidades y combinaciones. ¡Arrancamos!

Significado y uso del color

Así es, los colores nos sirven para expresar significados e intenciones y son un importante indicativo de estilo y personalidad. ¿Lo dudas?, sigue leyendo.

COLOR	CUALIDAD POSITIVA	ASPECTO NEGATIVO	COMBINABLE CON
Azul	Seguridad, confianza, tranquilidad	Monotonía y uniformidad	Formal: gris, blanco, negro, chocolate
			Casual: rosa, lila, verde, gris y guinda
Amarillo	Alegría, creatividad, abundancia	Neurosis, egoísmo y alerta	Formal: blanco, gris, beige
			Casual: azul marino, café
Rojo	Poder, sensualidad, pasión	Agresividad, violencia	Formal: azul marino, negro, gris, chocolate
			Casual: gris, azul marino, marrón
Verde	Frescura, equilibrio, serenidad	Enfermedad, angustia	Formal: gris, blanco, negro chocolate
			Casual: beige, azul, beige y café
Naranja	Audacia, vigor	Nerviosismo, ambición, resistencia	Formal: gris, blanco, negro, chocolate
			Casual: azul, blanco, beige, marrón
Violeta	Creatividad, originalidad	Inestabilidad, impaciencia, ingenuidad	Formal: gris, azul marino negro, chocolate
			Casual: blanco, beige, café y guinda
Rosa	Empatía, comprensión, apertura	Delicadeza, blandura o carácter infantil	Formal: gris, azul marino, negro
			Casual: blanco, chocolate y guinda
Turquesa	Limpieza, lozanía, inspiración	Descaro, insolencia	Formal: gris, blanco, azul marino
			Casual: menta, café, negro

Café	Orden, compromiso, caballerosidad	Severidad mediocridad, (sobre todo si tu perfil es frío)	Formal: gris, blanco, beige
			Casual: rosa, lila, verde, gris y naranja
Beige	Comodidad, tolerancia, benevolencia	Tedio, decaimiento	Formal: gris, blanco, negro, chocolate, azul marino
			Casual: rosa, lila, verde, gris y guinda
Marrón	Calidez, cordialidad	Aburrimiento, dominación	Formal: gris, blanco, negro, chocolate
			Casual: rosa, lila, beige
Blanco	Sobriedad, pureza, libertad	Soledad y vacío	Formal: gris, azul, negro, azul marino, café, chocolate y guinda
			Casual: rosa, rojo, lila, verde, turquesa y naranja
Negro	Elegancia, misterio, discreción	Dolor, languidez, impenetrabilidad, severidad	Formal: gris, blanco, beige, rosa y guinda
			Casual: lila, verde y naranja
Gris	Elegancia, lujo y formalidad	Pasividad, melancolía y debilidad	Formal: blanco, negro, chocolate, azul marino y guinda
			Casual: rosa, lila, amarillo, verde y naranja

Ahora sí, empecemos con las mezclas, ¡salud!

Algunos colores se pueden combinar para potenciarlos, pero también pueden sobresaturar tu imagen, así que te dejo esta tabla para que tengas ten en cuenta el efecto que las combinaciones provocan.

CANTIDAD DE COLORES	FORMAL	CASUAL	EFECTO
1	X		※ Hace que luzcas más alto y delgado. ※ Demuestra que no te arriesgas (en las combinaciones), eres conservador. ※ Si usas tonos de moda, te pueden hacer lucir muy contemporáneo.
2	X		※ Acorta la figura. Por eso es importante saber qué quieres reforzar en tu imagen. ※ Revela a un hombre clásico e interesante al mismo tiempo.
Más de 2		X	※ El efecto visual será el que tú decidas potenciar. ※ Anuncia a un hombre creativo, juvenil, espontáneo ¡y olé! ※ Si utilizas colores poco favorables a tu perfil o demasiado contrastantes puedes parecer piñata.

Habrá ocasiones en las cuales quieras cumplir y lucir formal, pero otras veces querrás arriesgarte para verte impresionante. Entonces, vamos a mezclar como si se tratara de preparar un buen coctel. Siempre debes tener en cuenta los ingredientes básicos: el cuerpo, la base y el aditivo.

1. Tequila derecho: un solo color

El cuerpo. Llevar un solo color es indudablemente una muy buena idea si quieres verte elegante y contemporáneo. Es más, las tonalidades oscuras te harán ver más delgado y estilizado; por ejemplo, azul marino, gris Oxford, verde oscuro, chocolate. Sin embargo, procura no exagerar este uso ya que podrías verte monótono y predecible. ¡Piensa mejor tu estrategia!

La base. Todos los tonos oscuros de tu gama te harán ver más delgado, no sólo el negro. Creer eso es pensar de forma muy limitada, y tú no tienes límites, ¡mi león!

El aditivo. Lleva el mismo color tanto en la parte superior como en la parte inferior, y para darle un ligero toque de color a tu combinación lleva algún accesorio de otro color.

PERFIL	OCASIÓN	PARTE SUPERIOR	PARTE INFERIOR	ACCESORIOS
Frío	Formal	Camisa azul marino	Pantalón azul marino	Cinturón y zapatos negros
	Casual	Playera polo gris	Pantalón chino gris	Zapatos y cinturón café oscuro
Cálido	Formal	Camisa marrón	Pantalón marrón	Zapatos y cinturón guinda o café
	Casual	Playera beige	Pantalón verde	Tenis beige o cafés

2. Cuba libre: combina dos colores

Combinar dos colores puede ser formal y al mismo tiempo creativo y divertido, todo dependerá de los colores que uses. Lo ideal para una imagen formal o un look de trabajo es este uso: dos tonos y un acento (en los accesorios). Recuerda que hay un menor margen de error con pocos colores.

El cuerpo. Una combinación así podría parecer "sosa" ya que no hay muchas posibilidades, es verdad; pero lo divertido aquí serán los colores que combines.

La base. Recuerda que la elección de colores depende de tu tipo de cuerpo (lo que quieres potenciar, ocultar o camuflar) y lo que deseas transmitir. Los tonos claros expanden y los tonos oscuros reducen. ¿Tú que requieres?

Lleva el tono oscuro en la parte del cuerpo en la que quieras verte más delgado o estilizado. Por ejemplo, si tienes abdomen grande elige camisas, suéteres o sacos color chocolate, negro o gris oscuro.

Utiliza un tono claro si quieres generar cierta "amplitud". Por ejemplo si eres de pecho angosto viste camisas blancas, beige, amarillo, lila...

El aditivo. Puedes crear las combinaciones que quieras, lo único que te pido es usar colores que pertenezcan a tu colorimetría, sobre todo en las prendas de la parte superior, debido a que éstas harán lucir el tono de piel de tu rostro.

PERFIL	OCASIÓN	PARTE SUPERIOR (GRANDE)	PARTE INFERIOR (PEQUEÑA)	ACCESORIOS
Frío	Formal	Saco azul marino Camisa blanca	Pantalón arena	Cinturón y zapatos beige (a juego con el pantalón)
	Casual	Suéter de punto azul marino	Jeans blancos	Tenis blancos
Cálido	Formal	Saco chocolate Camisa beige	Pantalón beige blanco	Botines café claro
	Casual	Suéter de punto verde hoja Playera beige	Pantalón beige	Mocasines miel

PERFIL	OCASIÓN	PARTE SUPERIOR (PEQUEÑA)	PARTE INFERIOR (GRANDE)	ACCESORIOS
Frío	Formal	Saco gris claro Camisa gris claro	Pantalón negro	Cinturón y zapatos negros
	Casual	Playera gris	Pantalón chino negro	Cinturón y zapatos negros
Cálido	Formal	Camisa coral	Pantalón gris Oxford	Cinturón y zapatos grises
	Casual	Playera naranja	Pantalón café	Cinturón y zapatos café (a juego)

3. Manhattan

El cuerpo. Para este tipo de cocteles (digo, combinaciones) necesitas dos cosas: conocimiento y creatividad. En este caso se trata de combinar tres colores, así que ponte muy abusado porque sólo te daré algunas pistas ya que la fórmula perfecta la encontrarás tú.

La base. Utiliza dos colores neutros y un contraste; o un color neutro, un básico y un contraste; o dos colores básicos y un neutral.

Utilizar dos tonos y añadir un contraste hace que tu guardarropa luzca más variado (aunque sólo sea un efecto visual...). En pocas palabras, diviértete realizando tus propias mezclas.

El aditivo. No olvides que los neutros son los tonos los más claros de algún color. Por ejemplo, el azul cielo es el neutral del azul marino. Con este tip, de ahora en adelante, combinar será iultra fácil!

Manhattan

PERFIL	OCASIÓN	PARTE SUPERIOR	PARTE INFERIOR	ACCESORIOS
Frío	Formal	Camisa blanca (básico) Saco gris cemento (neutro)	Pantalón guinda (contraste)	Zapatos guinda (contraste)
	Casual	Polo azul cielo (neutro) Chamarra azul cobalto (contraste)	Jeans	Zapatos café
Cálido	Formal	Camisa beige (neutro)	Pantalón verde oliva (básico)	Cinturón y zapatos cafés (básico)
	Casual	Suéter azul marino Camisa azul beige	Pantalón coral	Tenis azules con franjas de color

Una variación de este uso es incluir los contrastes en los accesorios. Fíjate:

PERFIL	OCASIÓN	PARTE SUPERIOR	PARTE INFERIOR	ACCESORIOS
Frío	Formal	Camisa lila (básico) Saco gris (neutro)	Pantalón gris a juego con el saco (neutro)	Corbata morada (contraste) Zapatos grises (básico)
	Casual	Camisa rosa	Jeans guinda	Zapatos cafés
Cálido	Formal	Camisa beige (neutro)	Pantalón marrón (básico)	Corbata y zapatos azul (contraste)
	Casual	Chamarra verde militar	Pantalón gris	Tenis naranja

4. Bloody Mary

El cuerpo. Las mezclas continúan y, si eres arriesgado, ahora abordaremos con la fusión de tonalidades: usar un solo color en varios tonos o degradaciones, ¡salud!

La base. Ahora verás que combinar un mismo tono es pan comido, ¡iñam, ñam! Elige una prenda de un color básico que te guste (y vaya de acuerdo con tu colorimetría) y busca que tus otras prendas sean del mismo color, pero en tonos más claros hasta llegar al neutral. Por ejemplo: café⇁miel⇁beige⇁arena. Si eliges azul, tu combinación puede ser marino⇁índigo⇁turquesa⇁cielo.

El aditivo. El secreto de combinar el mismo tono es que la ropa que lleves sea de telas o tejidos similares entre sí, para que el color se vea uniforme y agradable a la vista. A continuación te dejo un ejemplo de telas que puedes combinar

TELA PRINCIPAL	COMBINABLE CON
Algodón	Lana, viscosa, crepé, *cashmere*
Mezclilla	Gabardina, algodón, manta, franela
Seda	Lana, poliéster, viscosa, lino
Lana	Viscosa, angora, tweed, poliéster
Nailon	*Dry fit*
Poliéster	Algodón, lana, seda, crepé, franela

Ahora te daré algunos ejemplos en los que detallo el tono y la tela de las prendas en cuestión para que te des una idea:

PERFIL	OCASIÓN	PARTE SUPERIOR	PARTE INFERIOR	ACCESORIOS
Frío	Formal	Saco gris (lana)	Pantalón de vestir gris (lana y viscosa)	Cinturón y zapatos grises (piel)
	Casual	Camisa de cuadros negra (franela)	Jeans negros (algodón)	Botines negros (ante)
Cálido	Formal	Saco azul marino (seda, lana, viscosa) Camisa azul marino (algodón)	Pantalón azul (viscosa)	Zapatos azul (piel)
	Casual	Suéter color miel (cárdigan o de punto) Playera beige con estampado café (algodón)	Pantalón café (algodón)	Mocasines café (gamuza)

Ya casi terminamos, las mezclas, ¡otra ronda para todos!

5. Piña colada

Última mezcla, y una de mis preferidas: ¡combinar más de tres o cuatro colores! Esto puede ser todo un reto, pero sin duda también demuestra entusiasmo, riesgo e ingenio. ¡Totalmente válido!

Piña colada

PERFIL	OCASIÓN	PARTE SUPERIOR	PARTE INFERIOR (GRANDE)	ACCESORIOS
Frío	Formal	Camisa azul cielo (neutro) Saco azul cobalto (básico)	Pantalón verde militar (neutro)	Zapatos cafés (básico)
Frío	Casual	Saco de tweed gris (neutro) Playera morada (contraste)	Pantalón de gabardina azul marino (neutro)	Botines café chocolate (básico)
Cálido	Formal	Saco verde militar (neutro) Camisa de rayas azules (básico) Chaleco café (básico)	Pantalón beige (neutro)	Botines vino o azules (básico)
Cálido	Casual	Saco marrón (básico) Camisa de mezclilla azul (básico)	Pantalón vino (básico)	Zapatos negros (neutro)

Otros tips para combinar más de tres colores: ¡síganme, mis valientes!

Repetir el mismo color. Usa un color en diferentes prendas, por ejemplo: camisa blanca de rayas grises y saco gris; corbata naranja con lunares azules y pantalón azul... El secreto de esta combinación es que el color no se satura porque se utiliza en una prenda de color sólido, y en detalles y estampados pequeños en otra prenda. ¡Ah!, ¿verdad?

Combinación neutral. Ningún color compite con otro, sólo se complementan. Haz este ejercicio de usar tres colores neutrales, por ejemplo: gris, beige y blanco y un contraste (azul). Camisa blanca; chaleco y zapatos beige; pantalón y pañuelo color gris; y como remate de contraste un suéter azul.

Combinación 2-2-2. Utiliza tonos que contrasten, guíate mezclando prendas siempre de dos en dos. Esta regla no falla:

- Primera dupla: chamarra guinda intenso y pantalón uva.
- Segunda dupla: suéter gris y playera blanca.
- Tercera dupla: zapatos café oscuro y cinturón café oscuro.

Tres sólidos y un estampado: elige un pantalón, cinturón y zapatos del mismo color y combínalo con una camisa de cuadros de dos o tres colores contrastantes.

¿Negro en verano y amarillo en invierno? (Uso de los colores por temporada)

Al despertar, iniciamos mirando cómo pinta el día y decidimos cómo nos vestiremos de acuerdo a si está nublado, luminoso, oscuro... Así es, los colores no se utilizan sólo por moda, también deben considerarse otros aspectos como el clima o la temperatura. Los colores claros son más frescos para días soleados ya que reflejan el calor; por el contrario, los oscuros atraen la radiación, ¡ah!

Ahora te dejo una pequeña guía que te hará vestir según las estaciones del año.

TONOS	PRIMAVERA-VERANO (O MATINALES)	OTOÑO-INVIERNO (U OSCUROS)
Claros	Beige, miel, arena, naranja, amarillo, coral. mostaza, lila menta, pistache	Blanco, gris cemento, lila
Oscuros	Chocolate, azul marino	Negro, gris Oxford, vino, morado, azul marino

¿Niñas de rosa y niños de azul?

¡Claro que no!

La sociedad ha estereotipado algunos trabajos, roles sociales y colores.

Pero ya estamos hartos de esas limitaciones vetustas, ¡olvídate de ellas!

Tú puedes adueñarte de todos los colores

¡Atrévete!

¿Quihúbo, quihúbo, cuándo?

Para finalizar con el color (por lo menos en tu ropa), a continuación te explico qué colores usar en diferentes contextos. Confía en mí, tengo dieciocho años de experiencia:

Para trabajar: combina colores claros y oscuros. Con los claros el cerebro descansa y se mantiene concentrado; mientras que los oscuros otorgan seriedad y formalidad, por lo tanto tu trabajo marchará en perfecta armonía. ¡Éxito total!

Para conquistar: todas las tonalidades que corresponden a tu perfil tendrán ese *charme* que te hará ser recordado, *voilà!*

- Fríos: gris, lila y rojo.
- Cálidos: verde, chocolate y coral.

Para charlar: los colores claros son óptimos ya que generan simpatía la gente querrá hablar contigo y decirte... ¡todo!

- Fríos: rosa, verde agua, azul turquesa (y todos los tonos pastel).
- Cálidos: beige, arena.

Para compartir: aunque no se trata de algo propiamente relacionado con el color, la textura puede demostrar cariño, bondad e intimidad. Utiliza un suéter de lana tejido o un saco de terciopelo o pana, un cárdigan o una camisa con trama sutil. La suavidad te acerca a la gente, las personas querrán estar a tu lado, ¡iuuuuuú!

De ahora en adelante, buscarás y necesitarás el color. Tu vida jamás volverá a verse gris. ¿Quién dijo miedo...?

CAPÍTULO 3

GUARDARROPA

SER O NO SER...

Vestuario, guardarropa, *outfits* o como quieras llamarles. A continuación te doy algunas recomendaciones para elegir cada una de tus prendas.

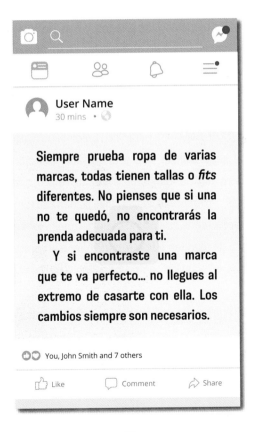

User Name
30 mins •

Siempre prueba ropa de varias marcas, todas tienen tallas o *fits* diferentes. No pienses que si una no te quedó, no encontrarás la prenda adecuada para ti.

Y si encontraste una marca que te va perfecto... no llegues al extremo de casarte con ella. Los cambios siempre son necesarios.

You, John Smith and 7 others

Like   Comment   Share

No te metas en camisa de once varas... ¿o sí?

> **En el siglo VII, en las clases altas de Europa medieval se puso de moda dormir con camisa, de aquí nació la famosa expresión "andar en mangas de camisa", que significaba andar en pijama o desarreglado. ¡Qué indecencia!**

Las camisas han sido una prenda esencial en la historia de la vestimenta; han estado presentes desde la época de los egipcios y los griegos, y han ido cambiando en cada siglo, de acuerdo con las modas y necesidades de quienes las usan. Actualmente son una prenda esencial en la vestimenta masculina. Por ejemplo, en climas cálidos donde no se acostumbra a usar saco la camisa es el núcleo de la imagen personal de un caballero, su carta de presentación.

Busca estas características para encontrar a tu media naranja, digo, tu camisa perfecta.

Composición: lo ideal sería utilizar una prenda fabricada con materiales naturales, como algodón o lino, que te mantienen siempre fresco, te protegen de los rayos UV y son hipoalergénicos y aislantes; sin embargo, estas telas tienen ciertas desventajas: se arrugan ultra rápido... Lo que te recomiendo son prendas de composiciones mixtas, es decir, que la mayor parte de la tela sea de algodón o lino (un 80%) con un porcentaje de poliéster, viscosa, nailon o cualquier otro "plástico", como popelina y franela (tejido suave, calientito, durable y casual).

Cortes: que existan varios cortes de camisas, responde a que hay varios tipos de cuerpo. Escoge la que mejor te quede. No compres cortes diferentes, ya que tu cuerpo no cambia mucho (a menos de que subas o bajes de peso constantemente).

Si bajaste de peso y estás en muy buena forma procura comprar ropa nueva que haga lucir tu figura, y desechar la ropa que te queda grande. Esto te motivará a mantener el peso ideal y a no rebotar... pues ya no tendrás ropa para regresar a las andadas...

※ Clásica, *straight fit* o *regular fit*: es una camisa de corte recto. El ancho de espalda así como de mangas es amplio, por lo tanto es un talle cómodo y holgado. Ideal para cuerpos tipos H y O. Si tu estilo es clásico esta camisa es ideal para ti. También puedes usarla en looks casuales.

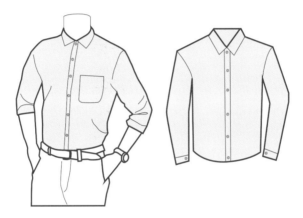

※ *Tailored fit*: es también un corte recto, sólo que un poco más estrecho a la altura del torso y la cintura, y con mangas ligeramente más angostas. Ideal para los chicos de cuerpo tipo V. Elígela si tu estilo es urbano/contemporáneo, tradicional/elegante o creativo.

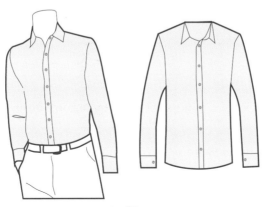

* *Custom fit*: es un corte más largo, angosto y estilizado, ideal para personas delgadas y altas, con cuerpos tipo H y V. Te queda bien si tu estilo es fashionista, creativo y tradicional / elegante.

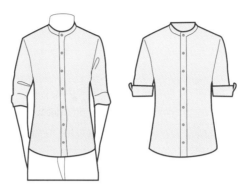

* *Slim fit* y *super slim fit*. Estos cortes son más estrechos, tanto de espalda como de mangas, y con la cintura más marcada, por lo que son ideales para los hombres con cuerpos tipo H y V muy atléticos y definidos, o muy delgados. Van con cualquier personalidad: creativo, casual / sport, urbano / contemporáneo o tradicional / elegante.

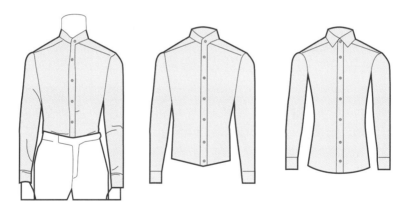

Cuellos: además de los distintos cortes, un rasgo importante en las camisas es el cuello. A continuación te presento una guía para ayudarte a escoger de acuerdo con tu tipo de rostro, esto es muy importante.

FORMA DE CARA CUELLO	CUADRADA	DIAMANTE O ROMBO	RECTANGULAR	OVALADA	REDONDA	TRIANGULAR
Inglés	✔	✔	✔	✔	✔	✔
Francés			✔	✔		
Italiano	✔ (si eres delgado)		✔	✔ (si eres delgado)		
Botón abajo	✔	✔	✔	✔	✔	✔
Pajarita Smoking	✔	✔	✔			
Mandarín Mao	✔	✔	✔	✔	✔	✔
Banda	✔	✔	✔	✔	✔	✔
Ojal	✔			✔	✔	✔
Redondo	✔		✔	✔		

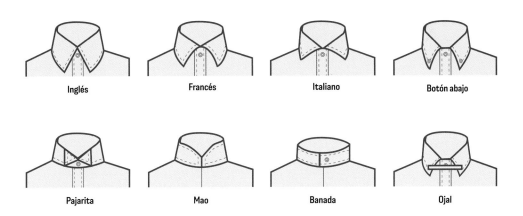

Inglés Francés Italiano Botón abajo

Pajarita Mao Banada Ojal

En la actualidad hay una gran variedad de camisas con telas distintas, bordados, brillos, o con colores contrastantes en el cuello, los puños o los botones. Elige la que mejor hable de ti y te haga sentir confortable.

No dejes pasar estos detalles:

- Revisa que la costura del hombro quede exactamente arriba del hombro. Más abajo parecerá que te queda grande y más arriba simplemente se verá fatal.
- Cuida que la manga llegue a tu muñeca, no debe ser más corta ni más larga. En casi todas las boutiques tienen diferentes largos de manga u ofrecen la opción de realizar ahí mismo los ajustes necesarios, o puedes ir con tu sastre de confianza.
- Todas las camisas tienen un detalle: la parte baja es redondeada o recta. Las redondeadas deben ir por dentro del pantalón y las rectas por fuera. Cuida que lleves la camisa en donde debe ir; es fácil: las camisas que tienen la cola redondeada son para ajustarse internamente al pantalón y las camisas que son rectas de la parte trasera van por fuera.
- El cuello debe estar bien planchado. Revisa que tu camisa tenga las pletinas (varillas, barbas o ballenas) en la puntas del cuello, para que tu camisa no se arrugue o se deforme en esa zona; éstas podrán ser de nácar, metal, resina o simplemente de plástico. Ah, y no te olvides de quitárselas al lavarla.

Pasemos a la pintoresca y muy cincuentera camisa de manga corta. Si vives en la ciudad, esta prenda es y será para eventos informales, ya que mostrar piel en la ciudad da un efecto veraniego, de descanso o de actividades cotidianas. Mientras que en lugares cálidos, donde el uso de manga corta es frecuente, no es lo ideal (no es muy sano para tu piel, ya que está más expuesta al calor y a los peligrosos rayos UV).

Sin embargo, una camisa de manga corta va bien para los chicos con brazos torneados; yo no recomiendo su uso para los chicos de brazos delgados, ya que los hace ver más lánguidos ni tampoco para brazos gruesos o musculosos. Recuerda que la mejor imagen es aquella que te hace lucir natural, cómodo y en proporción a tu cuerpo.

Y eso sí, sólo acuérdate de esta tabla:

Tela gruesa-frío	Franela, lana, combinación de seda-lana-lino	Cuadros de tartán, escocés, lisas
Tela ligera-calor	Algodón, algodón egipcio, pima, viscosa, batista de algodón	Herringbone, líneas, cuadros, lisas

Playera (México), franela (Venezuela), remera (Argentina), polera (Chile), camiseta (España)...

Composición: el algodón 100% es la tela ideal para estas prendas por la comodidad, frescura y versatilidad. No obstante, hay muchas mezclas de poliéster, lycra, nailon, viscosa que ofrecen mucha diversidad de texturas y colores. Hay muchas variedades de telas ligeras, elásticas, de secado rápido, transpirables y que no requieren planchado (taslan, microfibra, *spandex*, piqué, canilla o calado).

Cortes:

- Cuello redondo: este tipo de playeras son parte del "fondo de armario". Para mí son tan básicas como los jeans, ivan con todo: blazers, suéteres, chamarras y hasta con sacos en looks casuales! Pero hay otros modelos de playeras que no debemos olvidar:

PLAYERA TIPO	CUERPO TIPO H	CUERPO TIPO V	CUERPO TIPO O
Cuello redondo	✔	✔	
Cuello V	✔	✔	✔
Polo	✔	✔	✔
Jersey de beisbol	✔	✔	✔
Tank		✔	
Manga ranglan	✔	✔	

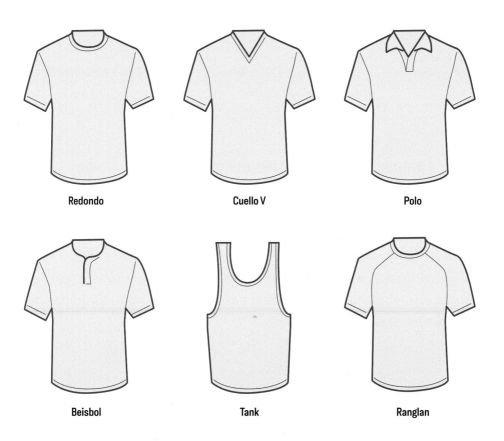

Redondo   Cuello V   Polo

Beisbol   Tank   Ranglan

No dejes pasar estos detalles

- Una playera siempre debe estar en el mejor estado tanto de color como de talla. Si tu playera está descolorida, manchada, deforme o el cuello está muy flojo, deséchala, ¡adiós playera de mi vida!
- Los jerséis de beisbol, camisetas y playeras manga ranglan son totalmente deportivos, por lo que los puedes usar con pants, *joggers*, bermudas y jeans; pero nunca con pantalones de vestir, de pinzas o chinos.

En cuanto a los estampados, si eres robusto debes usar un estampado grande, acorde a tu proporción; sin exagerar. Si eres delgado lleva estampados medianos o pequeños. Si eres mayor de 40 años opta por estampados geométricos, abstractos o figurativos. Si el estampado es un mensaje, éste puede ser ecologista, irónico, sugestivo; pero debes estar de acuerdo con él y cuidar que no sea ofensivo o vulgar: ¡tu ropa habla por ti!

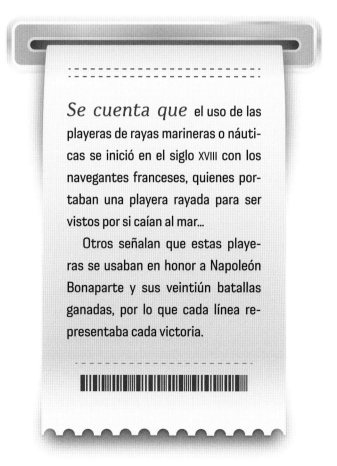

Se cuenta que el uso de las playeras de rayas marineras o náuticas se inició en el siglo XVIII con los navegantes franceses, quienes portaban una playera rayada para ser vistos por si caían al mar...

Otros señalan que estas playeras se usaban en honor a Napoleón Bonaparte y sus veintiún batallas ganadas, por lo que cada línea representaba cada victoria.

Demos paso a una de mis prendas favoritas del guardarropa masculino, tanto por su historia como por su belleza y uso.

Bella, elegante y muy tradicional: la guayabera

Debemos dar honor a quien honor merece y reconocer que la guayabera nació en Cuba.

Sin embargo, en México poseemos la "distinción de calidad", gracias al respeto y fidelidad a la tradición, diseño, telas, desarrollo y comercialización de la guayabera.

Composición: la guayabera suele ser de lino o de algodón 100%.

Cortes: hay un corte clásico, se trata de una camisa de corte recto (ya sea de manga larga o corta), con algunas peculiaridades como alforzas verticales, bolsas y bordados. Se puede usar en looks casuales y formales; es fresca, cómoda, tradicional.

No dejes pasar estos detalles:

- El cuello tipo Mao es excelente para chicos que tienen un cuello delgado o normal, mientras que el cuello camisero es ideal si tu cuello es ancho o normal.
- Entre más bordada, más artesanal e irrepetible.
- Los colores oscuros, neutros o pastel son para looks formales o para las noches, mientras que los colores vivos (rojo, naranja, verde, amarillo...) son para los looks casuales o de día.
- La manga corta es agradable para el día y la manga larga para la noche, pero como ya dijimos, es mejor proteger tu piel de los efectos negativos del sol. Tú elige.
- La guayabera es para abuelitos, sí... y para niños, jóvenes y adultos con carácter y actitud.

¡Yo llevo los pantalones en esta casa!

Composición: los pantalones tienen una gran variedad de composiciones y son precisamente éstas las que ayudan a reconocer el "estatus" para su uso. Los pantalones de algodón, punto o jersey son para eventos informales, y los que están fabricados de viscosa, plástico, lana y seda son formales.

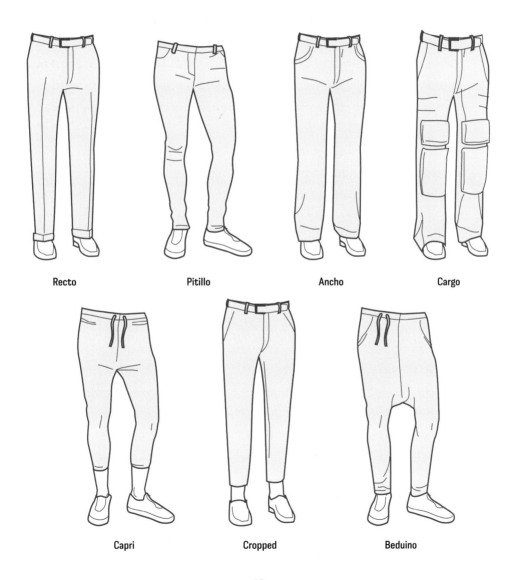

Recto   Pitillo   Ancho   Cargo

Capri   Cropped   Beduino

Cortes

- Recto o *straight*: es el corte tradicional de tiro alto y líneas rectas desde la cintura hasta los tobillos. Te hará lucir contemporáneo y delgado.
- Recto con pinzas: lleva costuras verticales en la cintura; pueden ser dos o tres... No te sugiero su uso ya que es un poco anticuado y poco favorecedor. Aunque... ahora se usan mucho entre los jóvenes y la gente que va a los bailes porque son cómodos para mover la cadera y las piernas.
- *Slim fit*: es un corte ligeramente más angosto que se ajusta a la rodilla. Esta opción es ideal para ti si tu cuerpo es tipo H o V, y si tu estilo es tradicional, creativo y urbano fashionista.
- Pitillo: en realidad este corte es difícil de usar, pues va muy ajustado a la cintura y las piernas, por lo que no lo recomiendo si eres robusto (te hará ver muy ajustado), pero tampoco si eres muy delgado porque su corte hará que te veas muy lánguido. Sólo lo aconsejo a los hombres jóvenes, de cuerpo tipo H, atlético y en contextos casuales.
- Ancho o *boot cut*: son lo opuesto al pitillo, es decir, holgados para la zona del trasero y la cintura, piernas rectas y en la parte baja un poco más anchos. Ideales para cuerpos tipo O y si tu estilo es tradicional, casual / sport o urbano.
- Cargo: es un corte recto o ancho, pero con bolsas laterales. Este tipo de pantalones definitivamente son casuales. Úsalos si tienes piernas largas o eres muy delgado, de lo contrario acortarán tu figura.
- Capri, pescadores o corsarios: éstos suelen ser variantes del corte recto y el *slim fit*, pero de largo llegan a la pantorrilla. Son perfectos para climas cálidos, se usan con sandalias para looks casuales o con mocasines para eventos formales. Son recomendables para cuerpos tipo H y V, y si tu estilo es tradicional, casual/sport, creativo, urbano y fashionista.
- *Cropped*: son pantalones de corte recto, cuyo largo llega justo arriba del tobillo (mi padre diría de "brinca charcos"). Úsalos si tienes un cuerpo tipo V y H, y si tu estilo es tradicional, casual/sport, creativo, urbano y fashionista. Mostrar piel es una tendencia moderna, pero tú elige aquello con lo que te sientas cómodo.
- Beduino: tienen un corte de tiro caído, anchos en la cadera y un poco más estrechos en los tobillos. A pesar de que a muchos no les gustan, le van a todos los tipos de cuerpos (H, V, O) y son muy, muy cómodos. Aunque no lo creas son favorecedores ya que esconden la delgadez y la falta de músculo y disimulan los excesos. Úsalos si tu estilo es tradicional, casual/sport, creativo, urbano y fashionista.

TIPO DE TELA	TIPO DE PANTALÓN	TIPO DE CUERPO
Lino	De vestir	H, V, O
Algodón	Chino, de vestir, jeans	H, V, O
Gabardina	Chino, de vestir, jeans	H, V, O
Rayón	De vestir	H, V, O
Jacquard	De vestir	H, V, O
Pana	Vestir, jeans	H, V
Mezclilla	*Skinny*	H
	Slim	H, V
	Regular	H, V, O
	Loose	H,
	Relaxed	V
Punto	Pants, beduino	H, V, O

No dejes pasar estos detalles:

▨ Cuida el largo de tus pantalones: no los lleves muy largos ya que pueden arrastrarse y maltra-tarse, además das una imagen descuidada. Lo ideal es llevarlos arriba del empeine para que luzca el zapato.

▨ Si mides menos de 1.65, evita que el dobladillo del pantalón dé vuelta hacia fuera, ya que sólo acortará tu figura.

▨ Sólo los adolescentes lucen bien usando jeans deslavados, desgastados y rotos.

▨ Las bolsas y los botones grandes a la altura del trasero lo enfatizan, así que decide si quieres ser discreto o revelador.

Si te queda el saco, ¡póntelo!

El saco debe quedarte perfecto. Sigue estas pautas y lucirás impecable.

Composición: lana, seda, viscosa, tweed, algodón, pana, terciopelo... hay una gran variedad de telas. Recuerda que las texturas son más casuales.

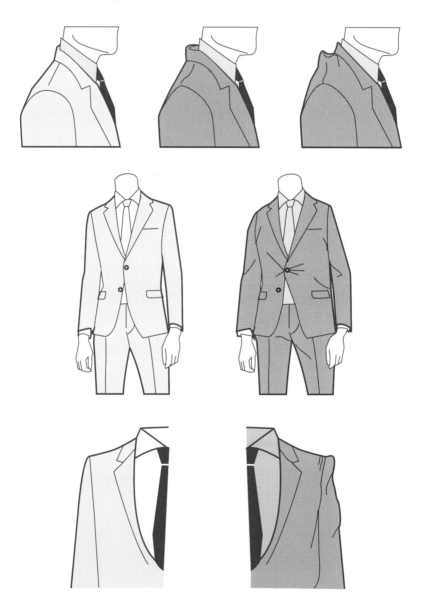

ESTILO DE SACO	TIPO DE CUERPO	EVENTO
Sacos de dos botones al frente	V, H, O	Corporativo, social, o en combinación*
Sacos con tres botones al frente	V, H, O	Corporativo y social
Blazer azul marino	V, H,	Social
Blazer deportivo (codera)	V, H,	Social casual
Sacos cruzados	H	Corporativo, social
Saco cuello Mao	H, O	Corporativo, social
Frac (pingüino)	H, V	Gala
Chaqué	V, H, O	Gala
Esmoking	V, H	Gala

* Se le llama combinación cuando el saco es de otro tono al pantalón.

¿Y la abertura? Tranquilo, aquí estoy

Había una vez… un noble inglés que debía montar de manera elegante, no podía perder garbo; por lo tanto, pidió a su sastre que le hiciera un saco que le permitiera subirse al caballo sin arrugarlo. Inteligente y habilidoso el sastre le preparó un bello saco con una abertura trasera. Actualmente existen sacos de una, dos o ninguna abertura. En realidad lo de las aberturas es a tu gusto. Ahora, como tu consultora, yo te diría que si tienes poca pompa, uses el saco abierto, ya que hará que salgan un poco las formas, ¡y te veas sexy!

Cómo abotonar un saco

Dos botones: sólo abotono el de arriba

De doble botón: sólo se abotona el lateral superior, nunca, nunca el de abajo.

Tres botones: abotona el de arriba (cuando quieras), el de en medio siempre y el de abajo, nunca.

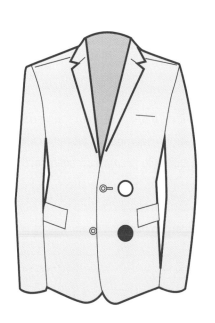

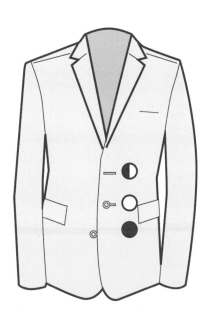

No dejes pasar estos detalles:

※ Es muy difícil ajustar un saco *prêt-à-porter* (listo para usarse). Si tienes la posibilidad, manda a hacer los tuyos a la medida.

※ La manga debe llegar a tu muñeca y permitir que el puño de tu camisa sobresalga.

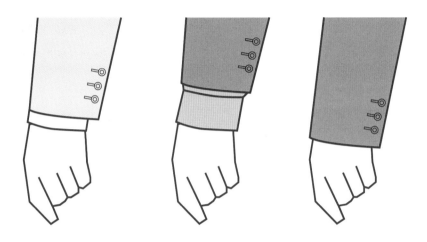

¡A chaleco!

Para mí los chalecos son los mejores aliados para romper el aburrimiento del guardarropa masculino. Te ayuda a verte entallado mas no apretado.

Composición: estas prendas pueden ser de algodón, poliéster, lana, pana. La textura dependerá del momento y el clima para el que vistas.

Cortes: los chalecos pueden ser cruzados o de botonadura sencilla, esto lo determina tu proporción. Si tienes el abdomen grande evita el chaleco a menos que uses un saco del mismo color, si es así no te quites el saco y siempre lucirás genial. El chaleco puede ir en corte recto (para cuerpo tipo H y V) o en pico (este último es mejor para cuerpos grandes y robustos).

No dejes pasar estos detalles:

- Respecto al largo de esta prenda, cuida que siempre cubra tu cinturón.
- El chaleco es obligatorio si usas chaqué o frac.
- No debes usar chaleco con trajes cruzados, pues no lucirá.
- Todos los chalecos van abotonados... hayas comido de más o no. Sin embargo, opta por la tradición de dejar el último botón sin abrochar; esto evita las arrugas en la tela al sentarte, sobre todo en los chalecos de corte en punta.
- En eventos formales debes llevar esta prenda con corbata (se ve mejor por debajo del chaleco).
- En tu boda, cásate con un chaleco de cuello en V; te hará lucir más delgado, y te dejará jugar con el color de tus prendas camisa + chaleco + saco.

Un chaleco tejido y acolchonado o capitonado siempre será para eventos casuales y el llamado *outdoor*, o sea, actividades al aire libre. Utilízalo en salidas con amigos o en una reunión casual con compañeros de trabajo.

No puedo vivir sin tu abrigo

Todo hombre necesita un abrigo o sobretodo elegante, clásico y de alta calidad. Al ser una prenda de entretiempo su mantenimiento es prácticamente nulo, pues casi no se ensucia (la usas sobre otras prendas y sólo para salir de casa. Al llegar a tu destino te la quitas, si no das el mensaje de querer estar poco tiempo como "una visita de doctor"). Así que con un paño húmedo lo limpias y listo... ¡a menos que te caiga encima la cena de navidad!

¿Corto o largo?

Un abrigo corto siempre se verá mejor en hombres de menos de 1.70 m. Esto hace que su figura se vea armónica; no les "pesa", por así decirlo.

Un abrigo largo es ideal para hombres que miden más de 1.70 m. El largo permite una imagen elegante y muy chic.

¿De qué talla?

A veces compramos abrigos o chamarras más grandes que nuestra talla porque pensamos que "amplio" es sinónimo de "cómodo". Pero lo único que lograrás será verte más corpulento porque llevas más tela; así que mucho cuidado.

Cortes: existe una gran variedad de estilos en los abrigos, formales, cortos, largos, gruesos...

- Chesterfield o *crombie coat*: de diseño sencillo, austero y muy clásico al que se le puede cambiar el tipo de cuello, transformándolo en formal (con el cuello) o casual (sin el cuello), ¡tú elige! Es ideal para todos los tipos de cuerpos (H, V y O).
- Trenca: se popularizó a raíz de la Segunda Guerra Mundial. Es un abrigo, de botones alargados que se sujetan con alamares. Ideal para exteriores y ocasiones casuales. Son lo mejor.

¿Cuándo y cómo comprar un abrigo?

Esta pieza tan clásica suele pasar de generación en generación, así que no seas "pichicato", haz una buena inversión porque el abrigo es una prenda que usarás hasta que te aburras y probablemente te sobreviva. Pero si lo que quieres es ahorrar un poco, aprovecha las rebajas de fin de temporada; es decir, cómpralo en primavera o verano, ya que los precios de la ropa de invierno bajan durante los meses de calor.

* *British warm:* es el abrigo tradicional británico, largo hasta la rodilla, de lana pesada, con doble botonadura al frente y hombreras. Genial para todo tipo de cuerpos y si tu estilo es tradicional/elegante o contemporáneo; lo único importante es que lo acompañes sólo de prendas formales o sólo de prendas casuales, ¡evita mezclar estilos!
* *Polo coat* o *camel coat:* es un abrigo como de detective, de seis botones al frente, elegante y favorecedor; al ser ligeramente cruzado hará que tu figura luzca delineada. Ideal para cuerpos tipo V y H.

1 de julio de 1916: en las trincheras el ejército británico y el francés luchaban hombro con hombro contra los alemanes, ambas artillerías se mostraban feroces, nunca había corrido tanta sangre en la Primera Guerra Mundial. Los ríos Somme y Ancre eran espectadores de una batalla sin cuartel. Los aliados debían recuperar el territorio perdido, entre lodo, pólvora y miedo. Fue en el frente occidental donde los británicos utilizaron un prenda que hasta nuestro días es icono de protección, hablo de las gabardinas. Thomas Burberry jamás imaginó que la nueva técnica textil (una delgada capa impermeable), repeliera tan bien el agua y se hiciera indispensable en el uniforme militar por su versatilidad para colgar mapas en el cinturón, guardar armas e impedir que penetrara el agua por su doble capa en la espalda. Todo un suceso.

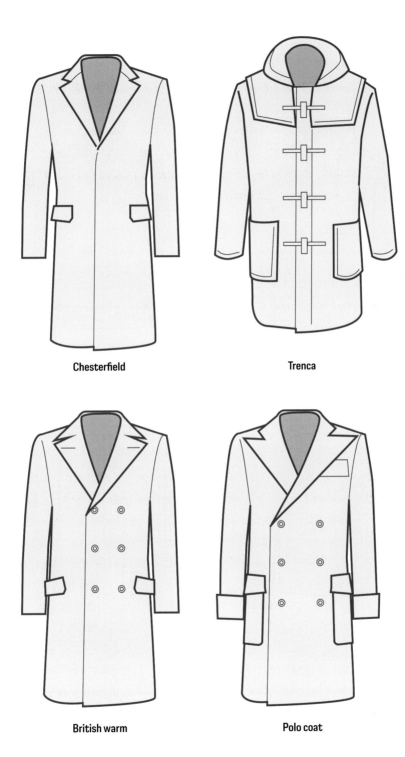

Chesterfield

Trenca

British warm

Polo coat

Chamarras

Una prenda que siempre te sacará de apuros ya que abriga, sin ser pesada.

Anorak

Bomber jacket

Denim o trucker

Parka

※ El anorak, chubasquero o impermeable: ligero y práctico; perfecto para días lluviosos, ya que te protege del agua y las inclemencias del clima. Es apto para los cuerpos tipos H, V y O.

- *Bomber*: nacida en la Primera Guerra Mundial, esta chamarra hoy día es un comodín para los chicos debido a que todos la pueden utilizar por su elaboración sencilla y práctica a la vez. Recuerda que se lleva siempre para eventos informales.
- *Denim* o *trucker*: la chamara de mezclilla es un hito de esta era; todos deben tener una y pueden usarla para ese momento imprevisto, con un pantalón sastre o hasta con un pantalón de punto. Lo único que te pido es que no la lleves con exceso, esto le daría un contraefecto a tu imagen; nada de eso, por favor.
- Cazadora o parka: es una chamarra de algodón o gabardina que lleva un capuchón sencillo, relleno de plumas o con fur alrededor. Es ideal para cuerpos tipo H y O; y como es totalmente casual va con un estilo sport.

> **¿Está mal usar sudaderas?**
>
> Hay chicos que la visten a diario, como un uniforme... y ¿qué crees? No está mal, porque son tan básicas como las playeras y son ideales para todos los tipos de cuerpo. Si va con tu estilo, está limpia y los colores no están deslavados, ¡yo voto por ti!

Las bermudas

De origen militar, surgieron en las islas Bermudas y fueron pensadas como una prenda todoterreno ideal para el calor. En la actualidad se usan en climas cálidos y en looks casuales.

No se usan con calcetines y menos con chanclas, ¡por favor!

Son perfectas para todos los tipos de cuerpo y se vale usarlas en vacaciones, para ir a jugar golf, etcétera. Suelen verse muy bien acompañadas de playeras tipo polo, guayaberas, filipinas de algodón, incluso con camisas texturizadas. Para eventos un poco más formales de playa puedes acompañar tus bermudas con una camisa en colores oscuros.

¡Pijamaszzzzzz!

No hay nada mejor que llegar a casa después de una larga jornada de trabajo para descansar. Muchas veces nos ponemos unos pants y una camiseta vieja como pijama. Sin embargo, ese momento es especial para ti, por lo que también merece prendas adecuadas, cómodas y chic.

¿Recuerdas la película *La ventana indiscreta* de Hitchcock? En ella un fotógrafo (interpretado por James Stewart) permanece en su casa convaleciente de una fractura y siempre lo vemos en pijama, lo cual impuso una tendencia en todo el mundo.

Composición: actualmente las pijamas se confeccionan en una gran variedad de telas suaves, calientitas y ligeras (algodón, felpa, franela, polar, poliéster, seda, etcétera) y en un sinfín de colores y estampados que hacen que la elección sea difícil.

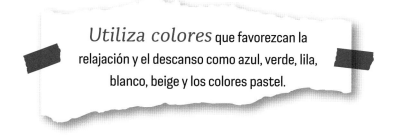

Utiliza colores que favorezcan la relajación y el descanso como azul, verde, lila, blanco, beige y los colores pastel.

Cortes: existen algunos modelos muy populares:

※ Dos piezas: como su nombre lo indica es la clásica compuesta de pantalón y camisola. Existe otra versión de short y playera de manga corta (ideal para la época de calor).

※ Camisón: de manga corta o larga, muy popular entre los jóvenes y que nos recuerda aquel episodio en el que el Pato Donald no puede dormir.

※ Mameluco: una pijama de una pieza, ideada originalmente como una prenda para niños, pero cuyo uso se ha extendido entre los jóvenes por su estilo divertido.

¿Pantuflas o sandalias?

Ambas son un buen complemento para tu pijama. Por fortuna, las puedes encontrar en diversos materiales: fieltro, lana, algodón, piel y hasta de plástico.

¿Y la bata?

Las batas son prendas de entretiempo que se usan para cubrir tu pijama, si recibes una visita inesperada durante la noche, o para salir, en caso de emergencia. También es posible usarla como salida de baño. Hay de toalla, de felpa, de seda, de algodón...

Y al ponerme el bañador, me pregunto...

A principios del siglo XX, los trajes de baño para hombres eran de dos piezas, generalmente un pantalón tipo capri y una camiseta de rayas horizontales... Pero en la actualidad, ya no se acostumbra cubrir el pecho, por lo que el traje de baño masculino ¡se redujo a una pieza!

Composición: actualmente existen telas inteligentes, cómodas, ligeras, absorbentes y de alta resistencia, como el spandex, la lycra, neopreno y la famosa *dry fit*, entre otras.

Cortes: existen varios diseños, pero la elección adecuada depende de tu físico. Nadie quiere ver un panza enorme con un traje de baño diminuto tipo bikini...

- *Boxers*: son de corte recto, con resorte y jareta para asegurarte que no se caigan. Son ideales para cuerpos tipo H, V y O.
- *Boxers* largos o tipo bermudas: son ligeramente más largos que el modelo anterior, pero holgados; te permiten hacer prácticamente cualquier actividad. Son recomendables para cuerpos tipo H y V.
- Surferos: son ajustados y largos, hechos generalmente de neopreno precisamente para tener la libertad que se necesita para moverte entre las olas. Se recomiendan para cuerpos tipo H y V.
- *Trunks*: son unos shorts elásticos, pequeños y muy pegados al cuerpo; sólo recomendables para cuerpos atléticos tipo H y V.
- *Brief*: es aquel que parece calzón, y era muy usado en los años setenta… Obviamente también son indicados para hombres de muy buen cuerpo, tipos H y V. Ojo: nunca los uses en color blanco, porque parecerán trusas…
- Bikini: el diseño más pequeño y atrevido. Válido en cuerpos delgados y atléticos tipo H y V. Úsalo si eres fisicoculturista o modelas para alguna revista de deportes, sino ¡peligro!

¡Calcetín con Rombos Man!

Por fin llegamos a esas prendas indispensables en cualquier guardarropa: protegen el pie del roce del calzado y nos dejan andar con comodidad, aunque siempre se nos pierdan…

Composición: generalmente están hechos de algodón (para mantener el pie fresco y seco) con algún porcentaje de nailon, poliéster o *spandex*, que le dan elasticidad. También hay de lana, lycra (tipo media), de entrenamiento, deportivos, compresivos (para prevenir y evitar las molestias de las várices), etcétera.

- Largos: son los clásicos y cubren la mitad de la pantorrilla.
- *Tinnes*: son calcetines cortos que apenas sobresalen del zapato.

¿De qué color?

Preferentemente el calcetín debe ser del mismo color que el zapato o del mismo color que tu pantalón. O sigue este ejemplo: si tu calcetín tiene rayas verdes y grises y traes un pantalón gris, ya la hiciste, estás repitiendo el color y cumples la regla.

No recomiendo llevar los calcetines del mismo color que la corbata. Es demasiado "planeado" y suele distraer del resto de tu imagen. Pero si tú lo quieres hacer...

¡Mucha ropa! La importante e invisible ropa interior

El hecho de que la ropa interior no se vea, no significa que deba ser fea o que esté en mal estado. Al contrario, la calidad y comodidad harán que te veas mejor.

Calzoncillos

Composición: algodón (principalmente, con mezclas de algunas otras telas elásticas) para mantener tu piel fresca, sana e higiénica.

Cortes: existen varios modelos para que elijas el que más se adapte a ti, a tu comodidad y a tus prendas.

- Bikini o *piccolo*: calzoncillo pequeño y ajustado, con poca tela en la cintura y piernas.

El famoso calzoncillo tipo "jockey", inspirado en los trajes de baño de la Costa Azul fue lanzado al mercado en 1935. Su diseño innovador mostraba una V en la parte delantera, dando como resultado comodidad y ajuste.

- *Brief* o trusa: calzoncillo de corte clásico, con buen ajuste. Hay dos variantes más de este estilo: *boxers briefs* de corte medio y *midway briefs* de corte largo.
- *Trunks*: son de corte medio (un poco más de tela que las trusas) con buen ajuste y muy cómodos.
- *Boxers*: son de corte medio (cubren un poco las piernas) y holgados. Nacieron para cumplir con el deseo de libertad (los caballeros los aman o los odian).

Camisetas

Igual de indispensables que los calzoncillos, perfectas para cualquier tipo de cuerpo y cualquier situación.

Composición: algodón.

Cortes:

- Cuello en V: ideales si abres el botón superior de tus camisas y polos.
- Cuello redondo: ideales con camisas y playeras.
- De tirantes: es decir, sin mangas. Están un poco en desuso, generalmente las utilizan los niños porque aún no transpiran... Elígelas sólo si te acomodan.

Siempre:

- Usa camisetas en tus atuendos de oficina.
- Busca la talla correcta para lucir mejor tus prendas externas, sin bolas, arrugas o marcas.

Nunca:

- Dejes que la ropa interior se vea o transparente. ¡Es de muy mal gusto!
- Utilices demasiados colores y estampados en tu ropa formal o looks de oficina.

Compras y baratas

Un hombre no vive a través de sus compras. Bueno, algunos no pueden dejar de comprar, hay de todo y, para esos consentidos... ¡claro!, para esos con-sentido para las compras, hagamos un pequeño ejercicio con el objetivo de que no te vuelvas loco comprando cuando no debes.

El mejor momento para hacer compras es cuando no llevas prisa y no estás buscando un *outfit* en especial. La ropa y la inspiración deben llegar sin presión; por lo tanto, cualquier inversión que hagas debe hacerse en varios pasos...

Primer paso
Busca tus básicos: obtén tus básicos por colorimetría, actividad y presupuesto. Trajes completos sólidos, camisas varias, algunas playeras, calcetines a juego de tus zapatos, como ya te expliqué en este capítulo.

Segundo paso
Complementa tus básicos: busca los accesorios ideales para la ropa que elegiste, éstos son fundamentales, ya que éstos potencian tu combinación y las hacen lucir más. Cinturón a juego con tus zapatos, algún pañuelo. Verás con más detalle los accesorios en el capítulo 6.

Tercer paso
Suma los elementos ideales para ti: selecciona los accesorios y prendas que te definan; éste es el momento que más me gusta ya que tú eres el que hace a la prenda. Elige un foulard sólido, un pañuelo en contraste, unos zapatos divertidos... ¡Simplemente sé tú!

Cuarto paso
Viste tus básicos con moda: compra algún color o pieza que esté de moda y listo, ¡ya estás modernizado y contemporáneo!

Como ya decíamos, adquirir tu guardarropa es un ejercicio de paciencia, recuerda que es parte importante de tu comunicación no verbal. ¡No olvides que tu imagen es la mejor inversión!

Baratas

Éstas son las fechas aproximadas de rebajas a nivel mundial, por lo tanto, ahorra y piensa muy bien cuáles son las prendas que realmente necesitas, prográmalas en tu calendario y no te agobies.

Mid Season	Antes del invierno, en octubre.
Barata tradicional	Rebajas de invierno, aproximadamente del 26 de diciembre a fines enero y febrero.
Mid Season	Antes del verano, en junio.
Barata tradicional	Rebajas de primavera-verano, en julio y agosto.

CAPÍTULO 4

ESTILOS MASCULINOS Y CÓDIGOS DE VESTIMENTA

A LA TIERRA QUE FUERES
(CÓDIGOS DE LA MODA O *DRESS CODE*)

No es lo mismo vestir para el trabajo, para ir al boliche con amigos, para una boda o para salir de antro... Cada situación tiene sus particularidades. Lo primero que te sugiero es elegir las prendas de acuerdo con los siguientes códigos:

- *Etiqueta rigurosa*: bodas.
- *Formal*: bodas, XV años, bautizos, graduaciones, tomas de protesta.
- *Business*: trabajos corporativos y de oficina.
- *Casual*: trabajos *freelance*, casa, reuniones con amigos o familia.
- *Deportivo*: eventos deportivos, días de campo, paseos de fin de semana, campings.

Después de conocer el evento para el cual vestimos, es importante tomar en cuenta el momento en el que ocurre (mañana, tarde o noche).

Otro referente al momento de vestir son los estilos que van de acuerdo con tus preferencias y tu personalidad y que hacen match con algunos códigos de vestimenta. ¡Allá vamos!

Estilos masculinos

Casi todas las personas se identifican con un estilo, pero te puedo asegurar que puedes cambiar a lo largo de tu vida o según la ocasión y los códigos de la moda. A continuación profundizaremos en ello.

Tradicional / elegante (Príncipe Harry, Steve Martin): para ti, la ropa debe ser una apuesta segura. No te arriesgas en combinaciones estridentes. No luces pasado de moda, pero disfrutas las combinaciones que han permanecido de generación en generación. Asumes que la elegancia debe ser siempre sencilla, pero con calidad. Te gusta la formalidad.

Lo que te enseñaron a vestir de niño está bien, y lo sigues usando... En todo caso cambiarás la calidad de tu ropa, pero el blazer azul siempre será (¡el muy usado y servicial blazer azul!) bonito y adecuado para ti.

Vas por la vida probando poca moda... un buen abrigo lo es todo para ti. Tu rumbo siempre es seguro y te deleita escuchar lo que los demás dicen de ti: ¡qué buen gusto tiene!

Diseños: sólidos en su mayoría y algunas camisas rayadas.

Tramas y tejidos: algodón, tweed, piel, seda, viscosa.

Lentes: delicados y finos, sin llegar a ser ostentosos.

Corbatas: sólidas y rayas, no hay más para ti.

Mancuernillas: metálicas, de oro, plata o níquel.

Anillos: alianza matrimonial.

Cinturones: negro, café, cordobán.

Calcetines: sólidos o con rombos.

Cabello: recortado en orejas y nuca, peinado de raya lateral o hacia atrás.

Zapatos: Oxford, mocasines o claveteados.

Detalles que hacen la diferencia:

- Traje gris
- Camisa blanca
- Bufanda de *cashmere*
- Blazer azul marino
- Portafolio
- Pluma fuente

LO IDEAL PARA ESTE ESTILO	
Estructura ósea	Mediana
Estatura	Promedio
Cara	Rectangular
Hombros	Rectos
Talle	Corto
Líneas al vestir	Corte americano
Estampados	Geométricos
Texturas	Lana, tweed, seda, gabardina, algodón, piel
Accesorios	Discretos y de calidad

Este estilo encaja con el código de vestimenta formal.

Urbano / contemporáneo (John Hamm, Justin Timberlake): tus características enamoran a las chicas. Eres encantador, muy atento a los detalles de tu entorno y de tu físico (depilación, ejercicio, corte de cabello, etcétera). Al mismo tiempo eres refinado y sensual, lo que sin duda te vuelve el centro de atención a donde vayas. Para ti, dejar huella es algo natural, incluso impregnar tu perfume de forma muy tenue, es lo tuyo. Marcas tu territorio con un sutil olor a ti... igrrrrr!

Diseños: las geometrías son básicas para ti; raya de gis, cuadros y algunos rombos.

Tramas y tejidos: lana, *cashmere*, algodón, ante y seda.

Lentes: actuales y de alta calidad.

Corbatas: lisas y de colores sólidos; pero eso sí, los estampados deben ser delicados y verse finos.

Mancuernillas: plata, oro blanco, oro amarillo, de tela, sobrias y hasta con figuras geométricas, sin que éstas acaparen la atención.

Anillos: alianza matrimonial o angostos o nada.

Cinturones: básicos, lisos y con textura, a la moda y de tendencia.

Calcetines: lisos, rayados y de colores.

Pelo: bien peinado, con un fleco natural y sexy o hasta largo.

Zapatos: claveteados, Oxford, de piel y con acabados artesanales.

Detalles que hacen la diferencia:

- Pañuelo con estampado
- Camisa en tono pastel
- Saco de tweed
- Chalina con textura
- Gabardina
- Cartera de piel

LO IDEAL PARA ESTE ESTILO	
Estructura ósea	Mediana
Estatura	Promedio
Cara	Suave
Hombros	No muy rectos

Talle	Largo
Líneas al vestir	Corte europeo
Estampados	Irregulares
Texturas	Lana, *cashmere*, algodón, ante, seda
Accesorios	Lujosos y modernos

Este estilo encaja con el código de vestimenta *business*.

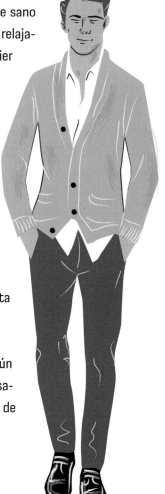

Casual/sport (Tiger Woods, Drake): tú eres el chico que luce sano y con un aspecto deportista. De piel fresca y con carácter relajado e informal. Para ti, lo principal es estar cómodo en cualquier momento.

Tus combinaciones ideales son las neutras, nada contrastante ni chillante; te gustan colores como azul y caqui, así como las combinaciones suaves y las texturas agradables al tacto.

Diseños: te agradan los cuadros, las líneas, uno que otro estampado o leyenda *eco friendly* y algún detalle agradable a la vista y tacto.

Tramas y tejidos: tweed, franela, pana, mezclilla, gabardina, seda cruda, incluso algodón 100%.

Lentes: desde armazones de metal delgados y sutiles hasta de pasta en tono neutro.

Corbatas: ¿la verdad...? No te gustan mucho.

Mancuernillas: generalmente prestadas... puedes tener algún par porque te lo regalaron, ¡pero no son un accesorio indispensable para ti! Bueno, en caso de que te compres unas, que sean de tela o hilos de seda, pero nada metálico u ostentoso.

Anillos: sólo la alianza matrimonial.

Pulseras: todas las de materiales naturales y de inspiración náutica.

Cinturones: texturizados y clásicos.

Calcetines: de algodón y en colores sólidos, así como uno que otro rayado, pero deben ser suavecitos, "gordinflones".

Cabello: sin gel, sin cera, a tu aire.

Zapatos: tenis, mocasines o sandalias; sin agujetas, sin presiones, exacto: fáciles de poner.

Detalles que hacen la diferencia:

- Playera tipo polo/playera básica
- Camisa a cuadros
- Pantalón de gabardina
- Suéter de seda cruda o de punto
- Pulseras de tela, plástico o de la suerte
- Bandolera

LO IDEAL PARA ESTE ESTILO	
Estructura ósea	Mediana
Estatura	Promedio
Cara	Cuadrada o rectangular
Hombros	Rectos
Talle	Corto
Líneas al vestir	Corte americano
Estampados	Geométricos
Texturas	Lana, tweed, gabardina, algodón, piel, mezclilla, pana
Accesorios	Plásticos reutilizables, materiales orgánicos

Este estilo encaja con los códigos de vestimenta casual y *sport*.

Creativo (Bruno Mars, Pharrell Williams): los colores, combinaciones y texturas son indispensables en tu vida diaria. Te gusta innovar hacia la comodidad. Para ti, ¡la vida sin color es muy aburrida!

Tu personalidad hace que el vestir diario sea un juego, una diversión; tus herramientas principales son tus emociones, ya que eres muy sociable. Ocasionalmente eres clásico en tus gustos y tu trato es relajado; por lo tanto, creas combinaciones inusuales y alegres. ¡Viva el color!

Diseños: lisos, líneas, rombos, lunares...

Tramas y tejidos: todas las telas que sean agradables al tacto visualmente bellas como el *cashmere*.

Lentes: colores saturados, vivos, brillantes; de pitón, pasta, madera o carey.

Corbatas: todas aquellas de colores inusuales que generen contraste con lo que traes puesto (ciruela, mostaza, morado).

Mancuernillas: de tela, oro amarillo, oro blanco, níquel, siempre en diseños asimétricos, divertidos o con mucho color.

Anillos: alianza matrimonial o muy angostos.

Cinturones: desde lisos para combinar en un evento formal hasta texturizados y divertidos para uso diario.

Calcetines: en diversidad de colores, texturas y bordados.

Cabello: natural, y si tu tipo de cabello lo permite, largo.

Zapatos: chatos, claveteados, alpargatas; y en todos los tonos posibles.

Detalles que hacen la diferencia:

〰 Guayabera

〰 Camisa con estampados diminutos

- Chamarra de color saturado (*hoodie*)
- Playera con mensaje divertido o de conciencia
- Pantalón con jarreta
- Moño, pajarita o hasta un pañuelo

LO IDEAL PARA ESTE ESTILO	
Estructura ósea	Mediana a delgada
Estatura	Promedio a baja
Cara	Suave
Hombros	No muy rectos
Talle	Largo
Líneas al vestir	Corte americano
Estampados	Irregulares y pequeños
Texturas	Lana, *cashmere*, algodón, ante, seda cruda, piel
Accesorios	Vanguardistas

Fashionista (David Bowie, Elton John): tú eres el perfecto ejemplo del hombre que se arriesga e innova en su arreglo. Crear tendencia es lo tuyo. Te proyectas autoritario y asertivo, ya que te gustan los contrastes en color, estampados y textiles. Eres atrevido y/o vanguardista. ¡La moda es para ti!

Diseños: te gusta el corte *slim fit,* pero no descartas los cortes americanos; sobre todo para sacos de dos o tres botones.

Tramas y tejidos: desde raya de gis, sólidos, algodón, lana, seda, y piel. Para ti no hay límites, ya que te gusta ser diferente pero, eso sí, ¡lucir muy bien!

Lentes: divertidos, diferentes, lujosos, algunas veces muestran la marca, lo cual no te molesta...

Corbatas: coloridas, *vintage* y en tendencia.

Mancuernillas: alegres, innovadoras, de tela o de cualquier material, ¡para ti no hay límites!

Anillos: alianza estilizada, retro o *vintage*; así como alguna curiosidad con elementos distintivos (animal, planta, signo, escudo).

Cinturones: desde lisos hasta texturizados.

Calcetines: de colores o texturas alegres, pero diferentes.

Cabello: desde revuelto hasta controlado, estilizado con pistola, cera o spray.

Zapatos: el tamaño de tu zapatera es el límite...

Detalles que hacen la diferencia:

- Saco *slim fit*
- Camisa de algodón pima con textura
- Corbata con diseño geométrico o bien, una pajarita
- Zapatos de piel exótica
- Lentes de sol únicos

LO IDEAL PARA ESTE ESTILO	
Estructura ósea	Delgada a mediana
Estatura	Promedio a alta
Cara	Angulosa
Hombros	Rectos
Talle	Corto
Líneas al vestir	Corte europeo y americano
Estampados	Geométricos y simples
Texturas	Lana, gabardina, algodón, piel, seda
Accesorios	Lujosos y modernos

Vestir de acuerdo con la actividad

El estilo también depende del trabajo que realices. A continuación te dejo una guía de etiqueta:*

GIRO	GUARDARROPA
Corporativo ≋ Lugares: bancos, aseguradoras, corporativos, centros de negocios, tribunales. ≋ Profesiones: contadores, administradores, abogados, financieros, lideres políticos	Traje Camisa Corbata Mancuernillas Cinturón Calcetines Zapatos Oxford Botines Chaleco Gabardina
Creativo ≋ Lugares: agencias de publicidad, productoras de TV, radiodifusoras, revistas o editoriales, redes sociales ≋ Profesiones: diseño gráfico, diseño de interiores, editor, mercadólogo, jefe de compras, agente de viajes	Blazer Americana Tweed Suéter Chamarra piel Camisa Camisa botón bajo Cinturón texturizado Playera Calcetines Zapatos sin agujetas Mocasines Botines Gabardina

* Esto no es exclusivo de una actividad, ya que a lo mejor tú trabajas en el banco y tienes una salida con tus amigos, por lo que puedes llevar un saco de tweed. Es lo general para las profesiones, pero que llega un momento en el cual puedes hacer uso de todas las prendas dependiendo el momento y actividad.

Independiente	Camisa con botón bajo
	Camisa Mao
	Filipina
	Polo
	Playera
Profesiones: representante médico terapeuta, farmacéutico, veterinario, profesor, instructor físico, dependiente de tienda, fotógrafo, vendedor	Cinturón texturizado o de tela
	Pantalón chino (gabardina)
	Jeans (muy casual)
	Mocasines
	Tenis
	Suéter
	Chamarra
	Gabardina

Códigos internacionales para negocios

Japón y Francia: lo indispensable es vestir formal, evita demasiada moda.

Colombia: presta atención a tus accesorios, éstos deben ser finos y discretos.

India: en tus prendas, evita cuero o piel, por respeto a las creencias religiosas de este país.

Italia y España: luce elegante con algunos toques *fashion*.

Turquía: formal siempre.

Vestir de gala

Vestir elegante es otro de los códigos de la moda, pero difícilmente se relaciona con los estilos que los hombres usan cotidianamente. Por eso, éste va en un punto y aparte.

La prueba de oro para todo caballero que se jacte de vestir bien es, definitivamente, un evento de gala. No hay vuelta de hoja en un acto de esta magnitud. Imposible quitarse la corbata o entrar sin el saco: ¡en un momento así es todo o nada!

Engalanado-etiqueta, *white tie* o *black tie*:

Quiere decir que el evento es de gala, y por lo tanto requiere traje, camisa y corbata.

Las primeras reglas de la etiqueta son leer las letras chiquitas de toda invitación que llegue. Preguntar al anfitrión (se vale) sobre el código de vestuario. Hoy día existen múltiples nombres para estos eventos, incluso, a veces, algunos son inventados por los organizadores.

Piezas que marcan un *upgrade* a la combinación formal: mancuernillas y tirantes

Haz check in ante el espejo:

- ✓ Saco
- ✓ Camisa de manga larga
- ✓ Pantalón
- ✓ Corbata
- ✓ Mancuernillas
- ✓ Cinturón o tirantes
- ✓ Zapatos tipo Oxford
- ✓ Calcetines clásicos o *happy socks*
- ✓ Reloj

Un evento así tiene sus detalles —que aquí entre nos, me encantan. Y tú que has probado el lujo, seguramente compartirás conmigo esta sensación...

Por dentro: la ropa interior es importante, ya que un pequeño detalle puede destruir al gran monstruo que has creado, digo, al sibarita del buen vestir que has ido construyendo en este libro...

- ※ Emplea la camiseta interior completamente blanca y de cuello redondo. Llevarás pajarita o moño blanco o negro, por lo que el pecho debe lucir perfecto.
- ※ Lleva *boxers*. Olvida los *zero slip* o calzoncillos cortos, ya que éstos pueden notarse; si te ajustan demasiado, te harán marcas imborrables toda la noche.
- ※ Utiliza calcetines negros para todos los casos, ya que llevarás zapato negro de charol o piel.

Por fuera: el uso del esmoquin es ligeramente informal (hablando de galas), llévalo en una entrega de premios, en la ópera, en cenas *petit comité*, festivales de cine, bodas o recepciones que lo exijan.

- La chaqueta no se quita en todo el evento, es por eso que están fabricadas en una tela más ligera que la de un saco regular.
- El saco blanco siempre invoca luz; por lo tanto, es para eventos al aire libre o bien en altamar.
- El saco negro o azul marino (para los muy modernos) con la solapa en seda es por mucho de mis chaquetas favoritas; los hombres latinos siempre lucen bien usando tonalidades frías.
- La corbata debe ser negra. ¡Este punto no está a discusión!

Hacer la combinación completa en el esmoquin nos lleva a determinar que el pantalón será negro y debe llevar un galón lateral, una tira de seda con ribete que le da precisamente ese toque de elegancia con brillo que debe tener todo evento *black tie*. Este tipo de pantalón no debe ir planchado con línea en medio, eso no se lleva en este caso.

Expresamente la camisa para tu esmoquin debe ser con pechera. Éstos son los pequeños detalles que hacen que tu *outfit* de gala revele perfección. Podrás escoger el diseño con piqué horizontal o vertical, pero siempre con ese peto de textura que le da un toque *chic* a tu camisa. ¡Ah, no olvides los puños vueltos con mancuernillas!

- Las mancuernillas en oro amarillo hablan de un hombre tradicional y seguro; no es que no le guste arriesgar, sino que, en la moda, lo ya probado todo y lo clásico es lo suyo.
- Las mancuernillas en plata u oro blanco son para hombres a quienes les atrae la moda; ya sea con motivos naturales —como perlas incrustadas— o con figuras de animales o símbolos inimaginables muy divertidos. Al ostentarlos, llevarás una pícara sonrisa al evento.

Por último —y rápidamente porque el tiempo es oro— dejo en claro algunos puntos:

- El esmoquin no lleva cinturón, lleva tirantes blancos (si eres una talla *slim fit* a regular) o negros (talla media a grande).
- El pañuelo debe ser blanco, pero si quieres llamar la atención... un pañuelo rojo, azul o verde no sienta nada mal, pero será muy atrevido. *¡Oh là là!*
- Nunca de los nuncas lleves sombrero, no hay necesidad. No uses bastón a menos que lo requieras y tampoco uses guantes.

Corbata negra: esmoquin obligatorio. Traje de chaqueta negra con solapa de satín.
Corbata blanca: frac necesario. Traje de chaqueta con dos faldones traseros.

Engalana-2

...Si la invitación dice: "*White tie, full evening dress, dress coat, cravate blanche* o etiqueta rigurosa, debes ataviarte de frac, sin duda.

Estoy completamente segura de que al mencionar el frac vendrá a tu memoria un personaje que es sinónimo de elegancia: Fred Astaire (bailarín de teatro, cine, coreógrafo y cantante). Y si no te es familiar, pásala bien una tarde mirando alguna de sus películas y deleitándote con su inigualable estilo.

Después de este preámbulo inicia la historia... Érase una vez en el Reino Unido, durante el reinado de Jorge III (periodo de la Regencia, digamos entre 1811 a 1820) que los caballeros usaban un *dress coat* rojo de lana para montar, corto por el frente y con dos largas colas a la altura de la rodilla; poco a poco este atuendo fue usado sólo por la noche y de una manera rigurosa.

Contrariamente al esmoquin, en el frac no debemos hacer ningún cambio, por lo que siempre deberá llevar lo siguiente:

La chaqueta en color negro como el pantalón. Es corta por delante, con dos hileras de botones decorativos, ya que ésta nunca se abotona. No te olvides de que la chaqueta tiene dos colas largas, las cuales debes llevar a tus costados en el momento de sentarte. Un pequeño bolsillo en el pecho te permite llevar una flor, un pañuelo de seda, lino blanco, o nada; ¡a tu gusto! Y si cuentas con alguna condecoración es momento de usarla (esto sólo es permitido con el frac).

El chaleco siempre de piqué tiene un corte muy bajo y éste sí va abotonado y cruzado, con una delgada solapa. Nunca deberá ser más bajo que la chaqueta, esto te permite proyectar una figura más larga y estilizada.

La camisa siempre deberá ser blanca con pechera plisada, con cuello ópera o sobrecuello almidonado, acompañado de pajarita blanca, la cual deberás anudar, nada de comprar un nudo ya hecho, ¡por favor!

El pantalón en tono negro está ribeteado a los lados por dos galones. El dobladillo va escondido y también olvídate del cinturón: lleva tirantes.

Los zapatos negros de charol deben combinar con tus calcetines negros.

La bufanda blanca de seda siempre va a juego con tu abrigo y nunca se separan, nunca...

El sombrero de copa (uno de mis consentidos) puedes llevarlo de forma opcional, es sólo para tránsito, al llegar al evento, ¡al guardarropa!

Los guantes obviamente blancos como tu camisa y puedes usarlos o no, pero si el evento es de Estado, úsalos. Este detalle te hará lucir como todo un conocedor en este atuendo.

¿Abrigo? Sólo para noche frías. ¡Ah! Y por favor, nunca olvides que el frac se lleva a partir de las 7 p.m., antes de esta hora en un evento de gala, tú podrás usar el chaqué, pero ésa es otra historia...

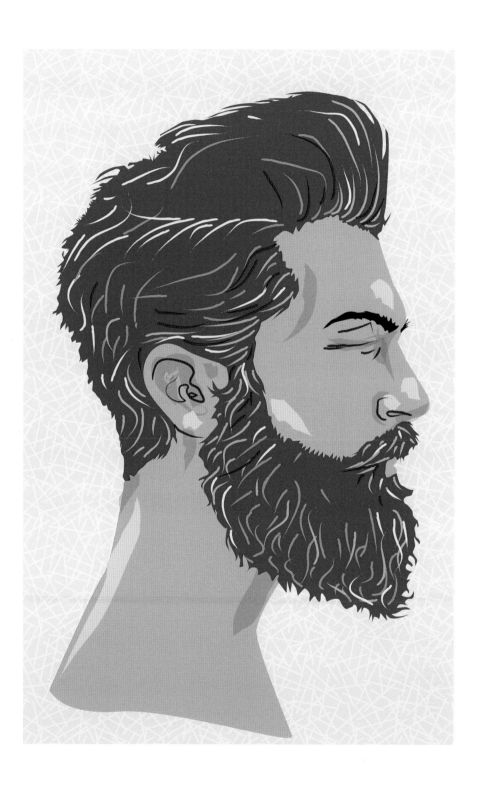

CAPÍTULO 5

CABELLO

CADA CABEZA ES UN MUNDO...

Y cada uno de nosotros también es un mundo, con nuestros gustos y preocupaciones. Déjalas atrás por unos minutos en lo que te arreglas y acicalas; el resultado es iniciar el día con tu mejor cara y tu mejor peinado.

Para el hombre el cabello es el marco perfecto de su imagen, la cereza del pastel... Por lo tanto, cuídalo como un aliado para potenciar tu imagen. Y, aunque no tengas cabello, sigue leyendo, este capítulo también es para ti.

Tipos

Lacio: es fino y con mucha caída.

Personalidad que refleja: un cabello lacio y bien peinado habla de una persona pulcra, confiable, rígida y respetuosa de los códigos.

Cortes: los cortes definidos, los flecos largos, con caídas laterales, donde el cabello luzca; desde muy cortos a largos, tu cuidado va a definir tu estilo.

Productos recomendados: usa champú suave y poco acondicionador. Para peinarte puedes usar gel para definir y controlar, o spray para dar brillo y fijar.

Rizado: suele ser grueso, seco y vulnerable a la estática.

Personalidad que refleja: habla de un hombre divertido, alegre, sin miedo a los cambios, le encanta la fiesta.

Cortes: los cabellos rizados son todo un reto ya que o van muy cortos o muy largos, todo va a depender del rizo: muy rizado debe ir corto o largo; menos rizado te permite soltar un poco el cabello y dejarlo en mediana melena o un casquete bien corto.

Productos recomendados: usa un champú especial para rizos o hidratante y acondicionador. Para evitar que se esponje puedes usar sílica, ceras especiales para cabello rizado, pues éste debe estar hidratado siempre; si quieres crear un efecto mojado utiliza gel; y si necesitas volumen aplica un poco de mousse, éste también elimina el famoso "frizz".

Ondulado: puede ser grueso y se enreda con facilidad; puede considerarse rebelde, pero también adaptable. Así es, este cabello "se acomoda" a los productos que utilices, a cómo lo peines e incluso al clima.

Personalidad que refleja: afable, buena escucha, moderno y contemporáneo, aventurero y vanidoso.

Cortes: éste el sueño de casi todos ya que el cabello ondulado ligero se puede amoldar a lo que tú quieras y, por lo tanto, verse súper bien, desde cortes muy al ras del coco o medias melenas con cabellos sueltos hasta llegar a cabellos largos peinados en media coleta. Busca cortes libres que permitan causar envidia y que dejen escapar tu lado salvaje.

Productos recomendados: usa un champú hidratante o especial para dar brillo. En cuestión de estilizado te diré que si lo quieres rizado puedes usar crema para peinar; si deseas volumen utiliza mousse, si requieres que esté más liso puedes usar sílica o cera y para el efecto mojado puedes usar gel. Y siempre sigue las indicaciones de uso de los productos. ¡Tú decide!

Condiciones del cabello

Grasoso: brilloso, pesado y sin volumen. Requiere una mayor limpieza. Actualmente existen marcas que ofrecen productos purificantes o antipolución (de aloe vera, menta, cítricos y arcilla) ideales para mantener limpio el cabello graso.

Evita el uso de champús 2 en 1, acondicionadores, cremas para peinar, aceites, ceras, sílicas, pues sólo le aportan más grasa.

Seco: áspero y suele enredarse mucho. Requiere hidratación extra, por lo que te recomiendo usar acondicionador sin enjuague, crema para peinar, cera o sílica cuya consistencia le otorga peso y textura.

Con caspa: cuero cabelludo irritado y molestas descamaciones causadas por un hongo. Es de fácil tratamiento con los productos adecuados (de supermercado o especializados, que puedes adquirir en farmacias). Sólo tienes que ser constante en su uso y evitar otros productos durante el tratamiento, ya que pueden "cortar" la acción de los anticaspa. Recuerda siempre acudir con un dermatólogo, él sabrá recomendarte el mejor tratamiento. Algunas veces la caspa es nerviosa, por épocas, etcétera, ¡chécate!

Delgado: es un cabello fino, frágil, propenso al quiebre y la caída. Existen champús y acondicionadores comerciales que te ayudan a mejorar la textura y a recobrar la fuerza de tu cabello, pero si tu caso es más grave y requieres redensificación, puedes recurrir a tratamientos especializados. En un caso como éste te sugiero visitar a tu dermatólogo para que él te recomiende las mejores alterativas de cuidado que te ayuden a mantener tu cabello.

Maltratado, teñido o procesado: es el cabello que ha sufrido algunos procesos constantes como exposición continua a secadoras y planchas, decoloración, teñido, rizado o alisado permanente. Puede estar áspero, seco, chicloso, sin cuerpo o muy frágil. Existen muchos tratamientos en el mercado ideales para cabellos procesados como ampolletas, acondicionadores, tratamientos bifásicos, aceites... Elige los que mejor se adapten a tu tipo de cabello y presupuesto. También puedes optar por tratamientos caseros como mascarillas de aguacate, aceite de jojoba o de coco, que lo nutren y le aportan "grasa" natural. Evita: usar secadora y plancha pues éstas acentúan el daño; y aléjate de los productos que contengan amoniaco. Sin embargo, todos estos tratamientos son cosméticos, debes llegar a la raíz de las condiciones de tu cabello, por lo que te sugiero, además de ver a un dermatólogo, también a un estilista que estudie las condiciones del cabello, ¡haz dupla!

Canoso: como este tipo de cabello ya perdió la melatonina suele ser gris o blanco, áspero y vulnerable a la estática... Existen en el mercado productos especiales, dependiendo de tus gustos y necesidades. Si deseas cubrir las canas existen tintes y lociones capilares que actúan paulatinamente; pero si deseas lucir tu cabello hay champús matizadores, para dar un efecto platinado o satín. Lucir con dignidad tus canas habla de madurez, congruencia y estabilidad. ¡Además son muuuuuy sexys!

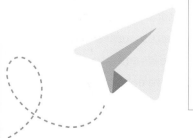

Las canas viven en todos nosotros naturalmente. La genética determina cuándo dejarán de trabajar los famosos melanocitos, la melanina bajará su rendimiento y, por lo tanto, nacerán los famosos mechones plateados. Otros padecerán canas prematuras antes de los veinte, otros más, una poliosis, esto es, mechas localizadas en alguna parte específica de la cabeza. Y, finalmente, la edad; una de las etapas más sexys que puede vivir la raza humana sabiéndola manejar, o sea, junto a mí...

Calvicie o alopecia: es la pérdida de cuero cabelludo en la cabeza principalmente, pero también puede reflejarse en el cuerpo, pestañas y cejas. En ocasiones se debe al ciclo natural del crecimiento del cabello, a la genética, a una cicatriz por una herida en la zona, a una enfermedad sistémica, o a hábitos de alimentación, estrés, sueño, etcétera. Como hemos dicho con respecto a las canas, es sumamente inteligente y maduro afrontar las características de nuestro ser y si nos tocó tener poco cabello hay que saber lucir la belleza de nuestro cráneo, por lo que te pido que dejes atrás los objetos extraños no identificados como pelucas, *tupés* o peluquines que, además de lucir anticuados, se ven exagerados y te hacen lucir inseguro. Créeme, tu autonomía vale más que una bola de pelos. Piensa positivo: jamás tendrás que volver a escuchar: "péinate chamaco, mira qué pelos traes".

Colores para tu cabello

Hoy día el uso de tintes está destinado a las mujeres, ¡no! También es para hombres; es más, el color fue usado siempre en primer lugar por los varones, por aquellos que deseaban infundir temor y demostrar su jerarquía tiñendo con colores excitantes sus cabelleras, ¡exacto! Los guerreros galos y sajones, pero también los babilonios usaban polvo de oro en su cabello.

Los egipcios hacían tintes oscuros con sangre de toro, aceites y cuerno negro de gacela, ¡iups! Éstos pensaban que el cabello oscuro señalaba buena salud y también juventud. Los romanos fueron maestros en preparación de tintes, pero ¡alto! Hoy día el pensamiento de tapar canas es débil, fuera del orden de los colores y aceptación de la edad.

Por lo tanto, si quieres tinturear tu cabello, hazlo con conocimiento de causa y color, ¡va!

PERFIL DE COLOR	TONOS A LLEVAR
Frío	Cenizos, morado, azul, negro, rosas, verde oscuro, gris, platinado
Cálido	Rojo, castaño, dorado, chocolate, amarillo, naranja

No le tengas miedo a este proceso, hoy día muchos de estos productos contienen, vitaminas, proteínas y aceites que cuidan tu cabello. Antes de usar algún producto químico en tu cabello haz una prueba de sensibilidad para que no corras algún riesgo.

Puedes colocar un poco de producto en tu codo, si después de 5 a 10 minutos no hubo reacción, aplícalo sin miedo.

Cortes de cabello adecuados para tu trabajo

Negocios: una actividad corporativa siempre es sinónimo de pulcritud, de formas y políticas. Por lo tanto, un cabello corto y prolijo siempre es lo ideal si hablamos de temas financieros, de seguros o salud, ya que lo que el cliente desea ver es seguridad, puntualidad e higiene, un cabello demasiado largo, con tintes o fuera de su lugar, podrá distraer al público objetivo, por lo tanto lo mejor es tener una imagen clara y nítida de la persona, y tu cabello es una gran herramienta para poder proyectar esto.

Freelance, creativos y humanidades: hay largos y colores totalmente validos en actividades más flexibles, como los trabajos independientes o las áreas humanísticas y sociales que permiten que cada individuo exprese lo que es internamente y mediante su arreglo. No se trata de un cliché, la imagen siempre debe ser congruente a lo que eres y deseas proyectar. En este tipo de actividades en las que el individuo destaca por lo que hace y lo que piensa, la imagen es una herramienta para proyectar autenticidad y confianza.

El compromiso es contigo, no conmigo

Si decides optar por el cabello largo debes tomar en cuenta que éste requiere un buen corte, cuidados y productos (champús, acondicionadores, modeladores, etcétera), en los que debes invertir para lucir bien. Olvídate del modo salvaje, esto denota descuido... Tres pelitos agarrados, sin vida y sin forma... Llevar un cabello largo implica esmero; si lo vas a cuidar, ¡cerrado!

Además debes pensar en el tiempo. Un cabello largo también implica destinar más tiempo en tu arreglo personal diario: el lavado tarda un poco más, el enjuague un poco más, las mascarillas un poco más, el corte un poco más, alistarlo un poco más. Ve contando todos estos "pocos" y piensa si estás dispuesto a invertir tiempo, dinero y esfuerzo. Y si es un sí, a todo, el cabello largo es lo tuyo.

Si usas el tinte, el cuidado debe esmerarse pues además de cuidar el largo debes proteger el color con retoques y con productos especiales para mantener y fijarlo. Tu cabello debe verse como el primer día, si no lo vas a cuidar mejor no lo utilices, de verdad, se ve fatal.

El ser guapo cuesta, pero créeme que cuando la gente te ve y dice que tu cabello esta genial o que buen look tienes, habrá valido la pena, sin olvidar que mirar y sentir un cabello hermoso siempre es genial. Debes sentirte feliz con lo que ves, cómodo y seguro.

Sugerencias para dejarlo crecer

¿Cuándo cortarlo? Tu cabello crece un centímetro por mes, por lo tanto, para dejar que crezca córtalo cada dos o tres meses, así sólo lo despuntarás y ganarás crecimiento.

¿Cómo peinarlo? De ahora en adelante requieres un peine de cerdas naturales, uno de plástico sólo va a dañar tu cabello, quedará grifo y abrirá las puntas de tu cabello, ¡auch!

- Primero (y siempre) desenreda tu cabello del medio a las puntas. Hazlo de manera gentil tomando mechones con tu mano y poco a poco. Evita jalar, esto sólo rompe el filamento de tu cabello y lo debilita.
- Luego cepilla desde la cima de tu cabeza y hasta abajo.
- No es necesario cepillar y cepillar, las tendencias en cabello masculino son a lo natural. No luches en contra de tu naturaleza (querer ser rizado con cabello lacio o al revés), tu cabello siempre reaccionará de manera práctica y natural, esto es: ¡déjalo ser! Actualmente son las manos las que dan prácticamente un terminado natural y contemporáneo a tu imagen.

¿Estilizarlo, yo? Todos, absolutamente todos los cabellos se deben estilizar con algún producto. Disculpa, pero en veintidós años como consultora de imagen, jamás he visto un cabello perfecto sin usar algo de cera, gel, spray, mousse, etc. Estos grandiosos cabellos bien peinados que ves en revistas o hasta en tu trabajo, llevan algo... ¡Que no te mientan, algo se ponen! Por lo tanto, tú también debes colocarle algún producto, ¡ya!

¿Cepillarlo otra vez? Tu cuero cabelludo te agradecerá cepillarlo porque estimula la circulación del cuero cabelludo y fomenta el suministro de nutrimentos dando como resultado crecimiento y lo mejor: previene la caída del cabello. ¡Corre por el cepillo!

- Cepíllalo en seco. Por la noche es cuando está más fuerte, así eliminas los restos de productos usados para estilizar tu cabello.
- Lava tu cepillo y tus peines una vez al mes.

Cuidados en general para todos, dije: todos, ¡vista acá, por favor!

- Lava a diario, pero con gentileza (no es la jerga del baño) y con agua de templada a fresca.
- Compra productos para hombres. El cuero cabelludo masculino es más graso que el de una mujer, además de no ser tan elástico y resistente. Y si a esto le sumas que todos tenemos diferente carga de hormonas y genética... debes elegir correctamente el tipo de champú y/o acondicionador que requieres ¡ah, ¿verdad?!
- No utilices demasiada cantidad de cualquier producto para el cabello, ya que eso sólo lo hará lucir seco, opaco y sin vida. Usa sólo la cantidad adecuada. Sí, los excesos son malos en tu cabello porque éste es uno de los factores más importantes de tu imagen.
- Evita las secadoras si no usas protector de calor. Sí, ¡esto existe! Un protector de calor es una crema, aceite o spray que protege a tu cabello de los daños que le ocasiona el calor de la secadora, y evita la resequedad y pérdida de brillo en tu cabello. Una secadora puede alcanzar aproximadamente 220 grados, imagina esta temperatura en tu cabello, ¡ah! Y aplícalo en cabello mojado, esto hará posible una mejor distribución.
- Sécalo correctamente de arriba abajo. Mantén la secadora lejos, estira tu brazo y suelta el aire (procura que éste no sea tan caliente), al final lanza aire frío para que cierre las cutículas de tu cabello y listo, ¡vámonos!
- Si usas secadora a diario colócate una mascarilla para tu cabello una vez por semana (como mínimo, pues habrá cabellos que necesiten más atención). Como ya dijimos, el aire caliente daña terriblemente tu cabello, así que no olvides darle una caricia semanal.
- Seca al natural. Después de colocar el producto ideal para tu cabello es buena idea hacer a un lado la secadora y dejar que se seque solo. Es más, hay ocasiones que éste puede ir moldeándose con una rutina y que poco a poco ya no uses tanta secadora.
- Toma vitaminas como B, D, pantenol, argán.
- Visita a tu dermatólogo, para que te recomiende alimentos adecuados para favorecer a tu piel y tu cabello. Aliméntate bien; inténtalo por tu cabello.
- ¡Relájate! Un cabello estresado se cae y su textura cambia.

¡Llévelo, llévelo!

Gel suave: recomendable para todo tipo de cabello. Te ayuda a esculpir y mantener el peinado todo el día, con un ligero toque húmedo. Pero que al mismo tiempo no sea pegajoso, ¡muy importante! Úsalo para los fines de semana si quieres verte muy natural, pero bien peinado.

Gel con extra control: te permite estar peinado todo el día, sólo checa que sea de alta fijación y brillo. No te excedas para que no luzca grasoso. Úsalo para ir a trabajar, para jornadas largas en las que debes estar impecable todo el día.

Pomada o crema para peinar: definen tu peinado para que este se vea elegante, y ahora sí un poquito tieso (bueno, no todo es perfecto). La textura no debe ser grasa; si notas que tu cabello luce demasiado grasoso es que colocaste demasiado producto, ¡ojo! Úsalo para una gala, una fiesta donde debes brillar y verte imponente; al ser un producto con alta duración y con brillo te ves muy bien y puedes bailar sin preocuparte por tu cabello.

Cera mate: ideal para cabello lacio y peinarte a tu gusto. Úsala diario; la única contraindicación es que levantes suspiros y una que otra mirada envidiosa.

Espuma: recomendable para cabello rizado. Sugiero que le dediques unos minutos a ver en realidad que es lo que necesitas; hoy día existen tantos productos que no hay pretexto para no lucir ¡in-cre-í-ble!

Spray: es el terminado final para el peinado. Cada vez más hay más variedades y son más ligeros. La tendencia es ir por lo natural.

Espera, no cambies la página...

- ※ Busca productos que no contengan alcohol, ya que éste deshidrata tu cuero cabelludo y al mismo tiempo tu cabello, nada bueno...
- ※ Siempre activa el producto, nunca te lo pongas directamente. Colócalo en tus manos y calienta o activa en las yemas de tus dedos y, ahora sí, aplícalo.
- ※ Lee las instrucciones hay productos que se pueden usar en cabello seco o mojado o en ambos casos...

Pon las barbas a remojar

Hay hombres que se han caracterizado por tener una barba corta y tupida (Francisco I. Madero), larga (Venustiano Carranza), un bigote pequeño (Charles Chaplin), largo (Emiliano Zapata) o hasta divertido (Salvador Dalí, Cantinflas). Gracias a estas características naturales y de estilo, ellos han dejado huella imborrable en el mundo.

Demos una ojeada para que luzcas mejor que Einstein, Marx, Che Guevara o el mismísimo Hemingway, ¿por qué no? Léeme con calma; no te vaya a suceder como a Luis XIII, quien por desear verse diferente y no mirarse con detenimiento, se quedó con una mosca de barba (puñado pequeño de pelos bajo el labio inferior).

Herramientas

- ⁂ Cepillo delgado para alisar la barba y peinarla.
- ⁂ Peine fino para cortar el exceso de pelo.
- ⁂ Tijeras afiladas y de acero para recortar.

Hoy por hoy, una barba implica mucho más que dejarla crecer de forma silvestre. Un hombre con una barba espectacular denota disciplina, arrojo y contemporaneidad, ¡lo firmo! Sí, porque eso de tener los cabellos bien acomodados requiere sus cuidados y sus distinciones.

Una barba larga le va muy bien a trabajos creativos, informales; una barba al ras, corta, es muy *trendy* para actividades de tecnología o finanzas.

Un look de barba le va a todos los hombres. Sí, leíste bien, a todos; esto es gracias a tu naturaleza masculina.

Crecimiento: debo subrayar que uno de los principales pasos para adoptar una barba y un bigote adecuados a tu fisonomía es seguir precisamente tu naturaleza. Deja crecer tu barba durante tres o cuatro días, eso te permitirá ver dónde tienes pelo y dónde no, y empezar a diseñar la mejor barba y bigote para ti. En este momento la paciencia debe ser tu aliada. Ya que la barba o el bigote salieron, ahora empieza a darles forma. Si ya decidiste ir por una barba, elimina muy bien el pelo que queda en el contorno de tus mejillas y cuello; si no te verás sucio, nada pulido, desaliñado.

La barba se convierte en un fotoprotector natural; por lo tanto, no es necesario colocar fotoprotector solar en esa área. Si tienes una barba tupida, ya la hiciste, ¡un gasto menos!

Limpieza: lava tu barba con tu mismo champú (aunque también existen productos especiales para lavar la barba, es cuestión de gustos, ninguno de los dos está contraindicado dermatológicamente). Pero eso sí, no utilices jabón porque reseca tu piel.

Rasurado: ya que tienes el largo que quieres, el mantenimiento depende del crecimiento de tu barba. Puedes cortarla cada tercer día para un *dirty look*, o sólo las puntas cada semana si deseas dejarla larga. Rasura en el sentido de la barba de arriba abajo, así tendrás un mejor crecimiento y no lastimarás tu piel.

Secado: coloca en tu mano unas gotas de jojoba o argán (o productos creados para tu barba que puedes adquirir en las barberías), frótalas y ahora a darle forma y brillo con tus manos: ¡a dejar guapa esa barba! Esto lo debes hacer todos los días. Después de comer, date una pulidita, no vayas a dejar mendrugos en tu barba o —lo que es peor— olores...

Encaprichate con...

- *Unir tus patillas a la barbilla* le da un efecto más grueso a tu perfil y más longitud a tu rostro. Lucirás más delgado.
- Crear *una barba delgada y definida* al contorno de tu mandíbula le da rigor y severidad. Según tu actividad, define qué te corresponde mostrar.
- *Una barba mediana* es la tendencia para trabajos informales. Las mujeres nos pintamos el cabello, ¿y ustedes? Pueden dejarse una barba mediana, tupida e interesante, ¡reinventa tu imagen integral!
- Si eliges una *barba larga*, utiliza cabello corto y muy pulido; esto le dará un toque moderno, con balance y proporción a tu rostro y no el aspecto de haber bajado de las cavernas. O si lo prefieres ¡descansa de la afeitada! en tus vacaciones. Muestra a un hombre de mundo en tus fotos. Ese vaquero que llevas dentro, con una barba larga a tu aire; cuanto más larga, más libre de estereotipos. Tú, libre como el viento.
- Una *barba completamente blanca* debe ir casi al ras de tu piel; si es muy larga te añades años. ¡Jo, jo, jo, jo!

El bigote

- El pelo no debe tocar tus labios; da una apariencia de descuido y falta de limpieza.
- La extensión del bigote no tiene que sobrepasar las comisuras de tu boca; si es así, el bigote se torna hacia abajo y tu expresión luce triste.
- Si optas por un bigote ancho y tupido es porque mides más de 1.70 metros y tu complexión es de mediana a grande; de lo contrario, el protagonista de tu vida será... ¡tu bigote!
- Si te pintas el pelo, tiñe el bigote también, pero... recórtalo. Si no lo haces podría parecer un gran manchón en lugar de un gran detalle de tu personalidad.

COMPLEMENTOS

NO ES NADA PERSONAL, SON SÓLO ACCESORIOS...

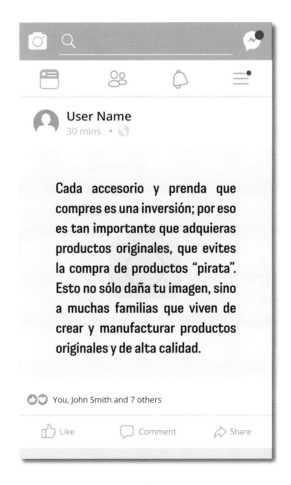

User Name
30 mins ·

Cada accesorio y prenda que compres es una inversión; por eso es tan importante que adquieras productos originales, que evites la compra de productos "pirata". Esto no sólo daña tu imagen, sino a muchas familias que viven de crear y manufacturar productos originales y de alta calidad.

You, John Smith and 7 others

Like　　　Comment　　　Share

Zapatos

Oxford: este zapato es el señor formalidad, perfecto para trajes y también para eventos de gala cuando se lleva en charol, iwow, rompes plaza! Es el zapato más elegante y el único de piel que puede llevarse con smoking o chaqué, aunque lo ideal es el charol.

Los zapatos con agujetas como los Oxford o los bostonianos (claveteados) deben usarse para trabajar y nunca combinarse con jeans o pantalones de gabardina. Esto les restaría seriedad y parecería una gran falta de conocimiento en cuanto a estilo.

Burford: se lleva muy bien con el traje ya que es muy parecido al Oxford, sólo que éste lleva una línea atravesada en la puntera; sin embargo, es totalmente formal.

Derby o blutcher: otro zapato masculino que se lleva perfectamente con traje. La diferencia radica en que la costura (inglesa) que se encuentra en el empeine es ligeramente más silvestre en comparación con el Oxford.

Brogue: este estilo está diseñado con agujeros punzonados en el empeine, puntera o palas; entre más hoyos tiene el zapato, más casual se convierte. Lo puedes usar con traje y corbata sólo si estos agujeros se ven en la punta, si no, mejor déjalos para looks casuales.

Saddle o bicolor: éste es típico zapato americano casual que puedes llevar con chinos o con algún traje de espiga, raya de gis o hasta alguna bermuda; sí, la versión ligera luce bien con bermudas para climas cálidos.

Mocasines: el mocasín con herraje, *monkstrap* o flecos se llevan única y exclusivamente con pantalones casuales. Podrás llevar un blazer o tweed, pero nunca con tu traje, a menos que no uses corbata y la cambies por un pañuelo...

El negro es un básico para todo el año, pero también puedes jugar con las texturas: tachuelas, estoperoles, estampados y alguna aplicación artesanal, para usarlos en ocasiones menos formales como los viernes en la oficina, los fines de semana con amigos o para galantear.

Sporty: algunos zapatos formales tienen una ligera tendencia deportiva; si están hechos con cuero lucirán más elegantes. No caigas en la tentación de usarlos a diario a menos que trabajes en una agencia de publicidad o televisión, o tu giro te permita vestir casual.

Alpargatas: calzado ultra cómodo ya que no lleva costuras más que en las uniones de la suela con el mismo cuerpo de la sandalia; ésta puede ser de tela, loneta, piel, o hasta de hilo de cáñamo o mecate.

Monkstrap: este cómodo cacle es muy bien recibido por los caballeros que deben estar muchas horas de pie por su diseño más ancho. Nace con los monjes y es un derivado de sus famosas sandalias.

Botines: hay dos tendencias que causan furor. Aquellos que lucen impecables sin nada —lisos, desnudos, por así decirlo—, que podrás llevar para trabajar; y aquellos pesados y con punteras, perfectos para los fines de semana.

Bota vaquera: definitivamente ésta sólo se lleva con jeans de corte bota o *boot cut* y para eventos en interiores y exteriores campiranos y con ritmo.

Botas todo terreno: están fabricadas con tela, plástico o piel, con suelas anchas. Ideales para caminar y correr, ya que son flexibles y cortas. Úsalas sólo para eventos casuales y exteriores.

Botines chukka boot: son aquellos que llegan al tobillo, prácticamente sin diseño y se amarran con cordón al frente. Los más tradicionales llevan dos o máximo tres vueltas de cordones —mis consentidos—; más de cuatro vueltas es un diseño muy atrevido, pero válido.

Botas ecuestres: calzado alto y delgado que se usa sólo para montar.

Botas rockeras: bota, negra, ancha ruda y puede llevar estoperoles, brillos, metal; es más, lo que tú quieras, son tus botas y tú llevas la música por dentro. ¡Fácil!

Tenis blancos: hoy los tenis blancos (por completo, sin otro color en ellos o en las agujetas), son una tendencia que seguiremos usando. En su esencia son un calzado casual más cómodo, pero muy blancos se llegan a ver formales. Mi único pedido es que no exageres en su uso, y si los llevan ultra blancos es buena opción para eventos informales.

Tenis para correr o hacer ejercicio: suaves, ligeros, ajustables cómodos y con una muy amplia gama en diseños y colores. Llévalos cuando hagas deporte o los fines de semana y días de descanso; total, son casi una pantufla.

TIPO DE ZAPATOS	FORMAL CON CORBATA	CASUAL SIN CORBATA PERO CON BLAZER O SACO SÓLIDO	SIN CORBATA, SIN SACO, SIN BLAZER	SIN CORBATA, PERO CON BLAZER O SACO INFORMAL TEXTURIZADO O ESTAMPADO
Oxford	X	X		
Saddle o bicolor		X	X	X
Burford	X			X
Brogue		X		X
Mocasines		X	X	X
Monkstraps		X	X	X
Alpargatas		X	X	X
Botines	X	X		X
Botas vaqueras			X	X
Botas todo terreno			X	
Botas rockeras			x	X
Botines *chukka boot*			X	
Tenis blancos		X	X	X
Tenis para correr o para hacer ejercicio		X		

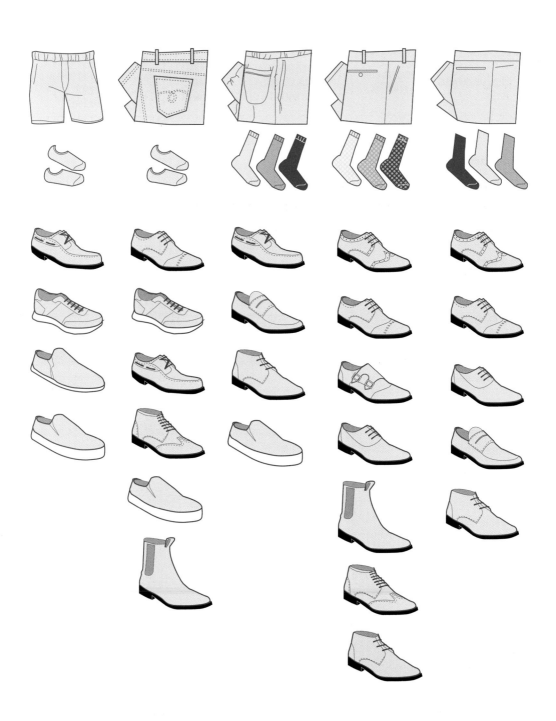

la cartera

Fue en China en el siglo VII donde se conoció el primer papel moneda. Interesante dato, ¿cierto? Ahora te hablaré de uno de los accesorios más antiguos para los caballeros y que se ha realizado en toda clase de materiales, y si no, me remito a las pruebas. Hablo de la cartera.

Hoy es tiempo de cuidar tu bolsillo e imagen con una excelente cartera, la cual debe mostrar calidad, gusto y ser congruente con la persona que la porta. Escógela según tu actividad; es indispensable que te sientas cómodo con ella.

Para trabajos formales: elije una cartera en tono sólido, expresa lujo y seriedad. Habla de una persona que gusta de seguir las reglas y las formas... De piel y a lo mejor con una pequeña firma de la marca, ite la compro!

Para trabajos casuales: busca una con dos, tres o hasta cuatro colores, muestra tu creatividad e ingenio con combinaciones divertidas. Los materiales ideales dependerán de tus actividades, desde loneta y plástico hasta neopreno, si tu actividad está bajo el mar.

Ten por lo menos dos carteras. Sí, una para tu día a día; aquella que te da estatus y que te distinga. La segunda, la necesaria para esos fines de semana de descanso, a la cual le puede caer agua, arena, lodo y que tampoco extrañarás en la semana si requieres desecharla después del chapuzón.

※ Llévala en la bolsa del saco. Ésta se hizo exactamente para portar tu cartera y alguno que otro papel importante que vayas a usar en el momento.

※ Quítate el síndrome del "Pípila", y evita cargar billeteras llenas de papeles, tarjetas de presentación, boletos del metro, la membresía del club, la tarjeta de puntos del supermercado, pues no importa dónde la coloques: si está muy llena lucirá desproporcionada y desfigurará tu ropa.

※ Límpiala con un trapo húmedo de agua mineral o adquiere productos especializados para la piel o material del que esté hecha tu cartera o billetera.

El cinturón

Corto, jamás; debajo del abdomen, menos; agrietado, nunca; en la pretina, invariablemente; a juego, a veces... Estos preceptos son y serán parte de los usos y costumbres del imprescindible cinturón. Útil, práctico y antiguo accesorio podrá parecer común, tradicional y hasta aburrido, pero siempre es imprescindible.

- El cinturón va a la cintura, jamás por debajo de ella.
- Debe combinar con el color de los zapatos.
- Un cinturón texturizado podrá ir con zapatos texturizados o lisos.
- La hebilla debe ser proporcional a la figura de la persona: muy grande sólo llama la atención a la barriga. Usa hebillas lisas y discretas para trajes formales; hebillas con textura para eventos casuales; hebillas ostentosas con logos de marca denotan presunción.
- Guárdalo enrollado o en gancho especial, así mantendrás tu cinturón en perfecto estado.

Tirantes

Una pieza para aquellos que aman lo clásico pero a la vez les gusta imponer tendencia a donde vayan: los tirantes. Ya sean de tela o elásticos, los tiradores tienen sus pautas:

- Lucen sensacionales en estaturas de menos de 1.80 m. Más altos lucen desproporcionados. Si tienes mucho abdomen, olvídalos.
- De colores y con diseños divertidos para el día a día casual. De colores sólidos para eventos formales como bodas, graduaciones y galas.
- Los tiradores con piel de color distinto al elástico son casuales. Los tirantes de piel de un solo tono son de gala.
- Ajusta tus tirantes diariamente, éstos nunca deben molestar. Si el elástico ya está flojo, es momento de cambiarlos, ya no se arreglan.
- Jamás se usan ambos a la vez, son sinónimos...

La corbata

Su nombre viene del italiano, *corvatta*, derivado de *croata*, y surgió debido a que los solda-dos croatas llevaban un pañuelo anudado al cuello.

Cuarenta y cinco grados es el ángulo de corte para fabricar una corbata perfecta. Esta medida se la debemos al neoyorquino Jesse Langsdorf, quien en 1924 patentó y fabricó la corbata tal como hoy la conocemos.

Materiales:

※ *Seda*: altamente recomendables y obligadas para trabajos y citas formales, así como eventos que requieran una imagen empresarial.

※ *Lana*: excelentes para fines de semana o códigos de vestuario ligeramente menos convencionales, así como en lugares fríos.

※ *Punto*: ideales en momentos casuales, *business casual* o simplemente para una actitud relajada.

El tamaño sí importa. Tipo de cuerpo, tipo de corbata

CORBATA	MEDIDAS	TIPO DE CUERPO	USO
Delgada, estrecha, *skinny* y *slim*	148 × 5-6 cm	Delgado H y V	Eventos formales Traje
Regular / estándar / largo	142-148 × 7-8 cm	Complexión media H y O	
Grande / ancha	160 × 8.5-9 cm	Grandes y robustos H, V y O	
Pajarita	6 × 12 cm	Constituciones delgadas	Esmoquin, frac eventos formales, traje y trabajos corporativos

Foulard	55 × 55 cm	Todo tipo de cuerpos	Eventos casuales
Plastrón	160 × 17 cm 156 × 17 cm 160 × 15 cm	Todo tipo de constituciones	Boda y gala

Nota: si deseas hacer nudo doble pide una corbata de 1.50 m y de 7-9 cm.

El lenguaje de las corbatas

Sólidas: son excelentes para trabajos y eventos formales. Sólo cuida que haga juego o contraste con tu traje, cualquiera de los dos objetivos es bueno.

Textura: da creatividad a la combinación y tu imagen se vuelve menos rígida.

Estampados: éstos hablan de la personalidad de quien los lleva, desde un tradicional paisley hasta un divertido y folclórico arbolito de navidad, o caricatura para chicos fashionistas e irreverentes.

Tonos claros: son juveniles e ideales por la mañana, en temporada de primavera-verano y para el trabajo diario.

Tonos oscuros: los reyes de los eventos de la tarde-noche o galas, así como para proyectar una imagen seria o demasiado formal. No olvides que una corbata negra es para duelo o alta gala.

Rayas: históricamente las líneas significaban pertenencia, ya sea a un club, una escuela, un regimiento, etcétera.

- *Gruesas:* son las que sobresalen el ancho de tu dedo; llévalas si tu estatura es de más de 1.80 m y tu complexión es grande, robusta.
- *Medianas:* corresponden al grosor de tu dedo; se sugieren para complexiones de medianas a delgadas, con una altura de menos de 1.80 m.
- *Muy delgadas:* para todo tipo de estructuras, ya que visualmente sólo se percibirá el detalle y tú lograrás un contraste con tu combinación.

Tipos de nudos:

≋ *Nudo sencillo, simple, americano o four-hand:* es llamado así porque su grosor es de cuatro dedos. Este nudo es un básico y va con cualquier tipo de las camisas y corbatas; las delgadas se verán impecables y en las gruesas el nudo lucirá más.

≋ *Nudo americano doble.*

≋ *Nudo Windsor.*

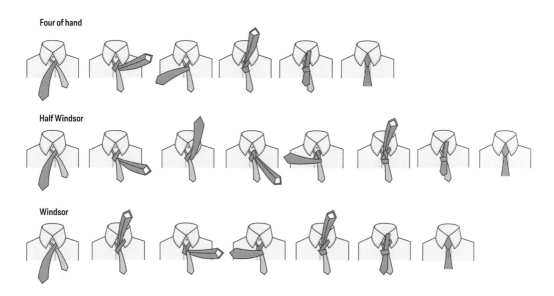

Four of hand

Half Windsor

Windsor

✓ Tu corbata debe tapar los botones de la camisa.

✓ Realiza un nudo cómodo; si lo aprietas demasiado el nudo se verá desproporcionado.

✓ Si eres bajo de estatura puede ser que al anudar la corbata te quede larga; no te preocupes, haz un nudo doble.

✓ Equilibra el ancho de tu corbata con el de la solapa de tu traje, esto hará combinaciones más proporcionadas y visualmente agradables. También puedes hacer el nudo a partir del cuello de tu camisa (una camisa con un cuello grueso y abierto en las puntas te permite un nudo más grueso).

✓ La corbata siempre debe tocar el cinturón o incluso ligeramente sobrepasarlo (me lo dijo personalmente Ermenegildo Zegna).

Los accesorios de las corbatas

Se usan a partir de tu personalidad y gusto, puedes irlos haciendo tuyos a medida que te vayas conociendo. La moda es tu medio de expresión personal, muy tuya, por eso es tan importante que te manifiestes con ella.

Sugiero que, paulatinamente, uses un accesorio, otro día lo quites, al siguiente aumentes uno más para ir probando estilos. Todos los días pregúntate qué quieres transmitir y cómo quieres vestir.

- *El pisacorbatas, pasador o pinza de corbata:* esta joya se diseñó para las actividades que exigen formalidad y suponen —evidentemente— una corbata, pero que requieren una pequeña ayuda para no enredarse con ella. En la actualidad, su uso es poco común; sin embargo, si te gusta el estilo *vintage*, adelante. Ten en cuenta que este accesorio seduce o repele. Usa el pisacorbatas más cómodo para ti, de presión o deslizable; cuida que nunca sea más ancho que la corbata y que sea negro, plateado o mate.
- *Alfiler, fistol o pines de corbatas:* estos accesorios eran casi siempre una joya (perlas o piedras preciosas) y estaba reservado a las clases altas. En la actualidad se usan sólo en galas y se lleva con una corbata más ancha llamada *plastrón*, especialmente usada por los novios.

Pajarita, corbata de moño o lazo, *tweetup!*

Al final del siglo XIX existían ya dos modelos de *bow tie*: el tradicional de mariposa —en el cual el lazo es redondo— y el *batwing,* que muestra las puntas picudas, como las alas de un murciélago, ¡los hay para todos los gustos…!

En estos días, llevar una pajarita es toda una provocación; habla de un hombre que conoce la moda y el evento preciso para ostentar una bella corbata de lazo.

Practica una y otra vez a hacer el nudo a tu gusto. Nunca compres una corbata de lazo con nudo hecho; esto le resta calidad a tu pajarita.

- Llevar la pajarita con un chaleco puede resultar muy buena opción para que visualmente el moño luzca natural.
- Cuida que el lazo no sobrepase el tamaño del cuello de tu camisa.
- El nudo nunca te quedará igual; habrá veces que sea más angosto o más grueso.
- Añade la pajarita a tu *outfit* formal del momento; una cena, una gala, una comida de relevancia o algún acto social solemne. Ésta debe combinar con los colores de tu traje o camisa.

El pañuelo

Históricamente, los pañuelos han pasado por una evolución práctica y ornamental, por así decirlo; en el Renacimiento otorgaban estatus y distinción; después sirvió para limpiar o cubrir la nariz, y, por supuesto, para secar un poco de champán derramado...

- Debe ser de colores contrastantes y nunca del tono de tu camisa; en este caso, el resultado es poco sofisticado.
- Evita llevarlo del tono exacto de tu traje, parecerá sólo un "parche de bolsillo".
- Debe mostrar sus costuras, es decir, estar hecho de manera artesanal; de otra forma se convierte en un "accesorio chatarra".
- Suele ser de seda y en climas cálidos de algodón o lino. ¡Tranquilo!, hay para todos los climas.
- Un pañuelo blanco es básico, ya que hace contraste con todo. Nunca olvides esta regla, es la más importante: un pañuelo debe llamar la atención y robar suspiros.

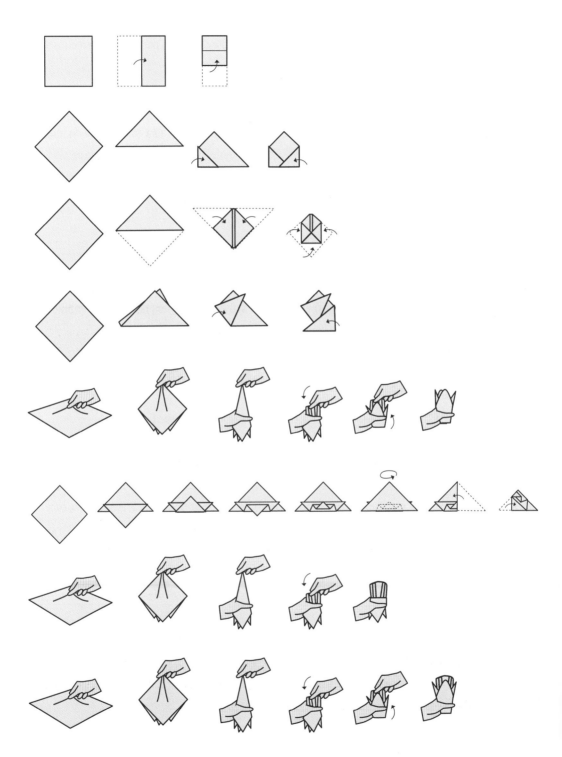

¡De cabeza por el mundo!: el sombrero

Poc, poc, poc... no es precisamente el sonido al tocar una puerta. Esta onomatopeya también nos remite al instante en que sacamos el sombrero de su bolsa protectora y le quitamos el polvo; enseguida nuestros dedos recorren la textura, ya sea de fieltro, lana, piel, pana, paja o yute. Es el reencuentro con un acompañante de momentos significativos.

Llevar un sombrero implica elegancia y originalidad (pero también tradición y cultura), por lo que quien lo usa tiende a ser observado por la gente con cierta envidia y asombro. Disfruta la sensación de decir: ¡este soy yo!

Usar un sombrero no es sólo llevar un adorno en la cabeza; su origen es similar a la mayoría de las prendas de vestir, como protección contra las inclemencias del medio ambiente. Y aunque no camines kilómetros a tu trabajo, hoy el sol es tan dañino que podrías necesitar de la ayuda de uno o más sombreros. Acércate a los escaparates del centro de la ciudad o busca sombreros en la *web*; estoy segura de que encontrarás uno ideal para tu estilo. A continuación, te doy la información necesaria para que hagas la mejor elección.

Sombreros formales

Bombín / hongo / Derby / melone / bombetta: por la copa, este sombrero me recuerda una pequeña pelota de boliche. Éste surgió en Londres durante la época victoriana y fue creado por Thomas Bowler. A este modelo solían llamarle: "sombrero de hierro" ya que era usado para proteger la cabeza del roce de alguna rama al montar a caballo. Se consideraba un accesorio para la clase media, ya que no era tan alto como el de copa, pero tampoco era blando o de fieltro como el que usaban las clases bajas de aquel entonces... Póntelo por las mañanas (en el café), en la tarde, la noche y durante eventos formales.

Borsalino o Fedora: en 1857, Giuseppe Borsalino creó un sombrero flexible de fieltro de ala corta y con la copa triangular, el cual se comercializó con gran éxito y adquirió fama en 1882 gracias al dramaturgo francés Victorien Sardou, quien viste a la protagonista de su obra *Fedora* con un sombrero de este tipo. *Grazie, Italia!* Úsalo en un color suave (por las mañanas) y en colores oscuros (por la noche y en eventos casuales).

Homburg o Lobbia: este sombrero rígido de fieltro con una banda otomana tiene dos historias muy curiosas. La primera es que se trataba de un gorro caza alemán que se popularizó gracias al rey Eduardo VII de Inglaterra, quien visitó el balneario Bad Homburg en Alemania (de aquí su nombre). Otra versión asegura que, en 1869, Cristiano Lobbia, un miembro del parlamento italiano, fue atacado con un palo en la cabeza y su bello sombrero de hongo se dobló formando una canaleta en el centro. Es el sombrero icónico de Winston Churchill y de Al Pacino en *El padrino*. Póntelo por la tarde y en eventos formales.

Sombrero de copa / chistera: es el diseño más antiguo (surgió aproximadamente en 1630) y por desgracia ha caído en desuso... Abraham Lincoln fue el mayor exponente de este estilo. Aunque fue portado por mujeres y niños, el uso masculino de gala es el perfecto. Hoy día en ceremonias de gala también es visto. Y ¿sabes?, entre magia y desarrollo, sin lugar a dudas éste será el sombrero de gala por excelencia, ¡amén! Póntelo sólo en eventos de gala.

Trilby: el hermano pequeño del Fedora, ya que tiene la corona igual pero un poco más corta; su ala es más pequeña y va ligeramente hacia abajo. Si eres fan de James Bond, seguro recordarás a Sean Connery llevando este sombrero en alguna de sus primeras películas.

Cuándo sí: siempre que desees ganar más altura, si deseas destacarte o simplemente te gusta lucir diferente.

Cuándo no: en lugares cerrados; durante la función de cine, teatro o iglesias.

Cuándo de verdad que no: si te queda grande, porque parecerá que no es tuyo; y si eres muy alto te hará ver desproporcionado, pues ganarás más estatura.

Sombreros formales por tu tipo de cuerpo y cara

SOMBRERO	TIPO DE CUERPO	TIPO DE CARA
Bombín	H, V	Cuadrada, rombo, redonda, triangular
Borsalino	H, O, V	Cuadrada, rombo, redonda, triangular
Homburg	H, V	Cuadrada, rombo, redonda, triangular
Copa	H, O, V	Cuadrada, rombo, redonda, triangular
Trilby	H, V	Cuadrada, rombo, redonda, triangular

Colorimetría de los sombreros

FRÍA	CÁLIDA
Gris, negro, azul marino	Café, marrón

Sombreros según tu estatura

ESTATURA	SOMBRERO
–1.60 m	Bombín, Borsalino, Homburg, Trilby
1.60-1.79 m	Bombín, Borsalino, Homburg, Trilby, Copa
1.80 m y +	Borsalino, Homburg, Trilby

Sombreros casuales o deportivos

Vaquero/stetson/tejana: John Batterson Stetson, su creador, deseaba protegerse de las inclemencias del tiempo haciendo una copa alta que guardara el calor y un ala ancha que protegiera a los hombres del sol y del agua. Como los primeros Stetson fueron hechos de piel de castor eran impermeables y podían usarse para sacar agua con ellos. En México cambiamos su famosa piel o fieltro por palma y llevamos muy en alto este sombrero como acompañante de la música regional mexicana, ¡ajúa! Póntelo para eventos al aire libre; elige tonos claros por la mañana, los oscuros déjalos para el rodeo...

Boina: hecha originalmente de un solo trozo de tela es también ideal un look creativo y bohemio distintivo de grandes artistas (como Rembrandt) e intelectuales. Sin embargo, en sus inicios, usar boina fue propio de clases bajas, pero con el tiempo se volvió un icono de luchas sociales (también se usa en las milicias). Actualmente es una prenda que se utiliza para mantener la temperatura durante el frío. Póntela siempre que haga fresco; en tonos claros por la mañana y oscuros en la tarde-noche.

Tweed suave/blando: traído desde las islas británicas, hoy lo puedes encontrar con un forro suave, cómodo y muy a la moda en sus diferentes texturas: espiga, pata de gallo, "Harris", los cuadros shepherds, el ojo de perdiz, el Herringbone, entre otros. Como se usa en lugares con mucho frío, póntelo sólo en época de otoño e invierno.

Panamá/Montecristi/sombrero Ecuador/paja: cada sombrero es una pieza única hecha a mano en un proceso que dura entre uno a seis meses; además, debo decirte que para viajar son de lo más cómodo: simplemente los enrollas y al desenrollarlos toman su forma original; son una delicia. También he de decirles que no son de Panamá, realmente provienen de Ecuador y están hechos de paja toquilla que la Unesco lo reconoció en 2012 como Patrimonio Inmaterial de la Humanidad. Pero ¿por qué se llama Panamá? Se dice que este sombrero fue usado por Roosevelt y los grandes empresarios que construyeron el Canal de Panamá; todos ellos llevaban sombreros originarios de la región de Montecristi. Póntelo durante todo el día, ¡córrele al sol!

Gorra deportiva: es la reina de la cabeza, el hit, el touchdown, el gol, match, el punto ganador del deporte que quieras; sí, este artículo para mí es uno de los grandes éxitos de la moda, sigue leyendo y descubre por qué. Este artículo que nació en 1860 como parte del uniforme deportivo del equipo de beisbol amateur Brooklyn Excelsiors, y hoy día es un artículo básico del *streetwear* muy versátil que ha recorrido todos los deportes, cobró gran popularidad en la década de 1970. Existen dos tipos de gorras: a la medida (*fitted*) y ajustable (*snapbacks*). Póntela en eventos casuales y combínala con algún tono de tu ropa o en total contraste, ¡va con todo!

Foulard o *neckerchief*

Es el accesorio para el cuello que le da un toque de elegancia a tus días casuales. Este famoso pañuelo vio sus orígenes en la Riviera francesa y se popularizó gracias al Hollywood de la década de 1920. Actualmente llevar un lazo al cuello da un toque intelectual y de moda al atuendo masculino. Antiguamente lavar un abrigo representaba un costo alto, de manera que el foulard ayudaba a que el cuello del abrigo se conservara limpio y, al mismo tiempo, mantenía el calor corporal en esos días frescos de otoño.

Casual
Foulard + camisa azul + blazer azul + jeans
Foulard + camisa blanca + cárdigan + saco de tweed + jeans

Formal
Foulard + camisa + cárdigan + abrigo + pantalón de vestir
Foulard + camisa a cuadros (no vaquera) + cárdigan + pantalón de vestir

¿Cómo usarlo? Anuda tu foulard de manera tradicional haciendo un nudo sencillo al cuello, llamado también *four in hand*, sencillo o americano; sólo pasa las puntas entre sí. Abre la punta que quede en la parte superior y llévala por debajo de tu camisa, polo o suéter, ¡eso es todo!

Bufanda

Ahora vayamos con la reina del cuello: la bufanda. El accesorio por excelencia para el invierno, lo puedes encontrar en variadas composiciones, y siempre podrás cubrir tu cuello con garbo, sin importar la textura. La bufanda puede ir sobre las prendas o entre las piezas, ya sea abrigo, suéter, chamarra... ya que su misma composición gentil permite que se amolde con facilidad. Te digo, ¡es una reina!

Casual
Bufanda de cachemir texturizada + chamarra + pantalón de vestir
Bufanda de seda y cachemir + suéter + abrigo + pantalón de vestir

Formal
Bufanda de lana lisa + traje + abrigo
Bufanda de lana fría (delgada) + traje

¿Cómo usarla? Anuda tu bufanda de manera sencilla con un nudo simple (como si unieras un cordón) y lleva las puntas por debajo de tu abrigo, suéter o chamarra. O sólo enróscala alrededor del cuello y deja las puntas por encima de tu prenda exterior. ¡Así de fácil es llevar una bufanda!

Pashmina *vs.* chalina

No te preocupes porque es lo mismo. Un gran pedazo de tela estrecho y largo que va sobre tu cuello. Existen chalinas de verano e invierno; por favor, no andes todo el tiempo con la misma todo el año. Estoy a favor de no comprar prendas de más, pero tampoco abuses: una lana en verano es imposible de llevar.

De verano: tela delgada, ligera y suave con composición de algodón, lino o seda.

De invierno: tela medianamente gruesa a muy gruesa, suave y de composición de lana, lana-seda, viscosa, lana/viscosa/seda.

¿Cómo llevarla? Se lleva prácticamente con todos tus atuendos, sólo cuida los estampados y texturas.

PASHMINA	COMBINACIÓN / *OUTFIT*	MATERIAL	TEMPORADA
Sólida	Formal	Lino, algodón, crepé, sarga, viscosa, seda	Verano
Estampada: rayas, paisley, cuadros	Casual	Lino, algodón, crepé, sarga, viscosa, seda	
Sólida	Formal	Lana delgada, seda, rayón	Invierno
Estampados, líneas, texturas	Casual	Lana gruesa, yute	

¡Gafas de sol!

Mientras otros se preocupan por mirar hacia todas partes, harás que te miren con las gafas de sol adecuadas.

- Nunca las lleves en lugares cerrados o a la sombra.
- Tus gafas siempre deben cubrir tus ojos y tus cejas.
- Cuida siempre que sean proporcionales a tu cara y que no sobrepasen el ancho de tus sienes.
- Lleva tus lentes en la bolsa del saco, así no se rayan y las mantienes a la mano.
- Hoy día muchos lentes de sol pueden ser graduados, no te prives de llevar oscuros y no perderte de nada.

¡Yo quiero oro y quiero plata!: joyería

Y níquel, platino, bronce, titanio, acero inoxidable, piel... Todos estos materiales forjan la joyería varonil en tendencia. Desde la Antigüedad, la orfebrería masculina se ha distinguido por ser parte fundamental de los complementos de lujo de un hombre. Hoy, las casas joyeras se han especializado en crear una extensa y fina variedad de accesorios especialmente diseñados para cada tipo de persona y momento.

Un reloj capta momentos. Es preciso contar con dos, como mínimo: uno para las ocasiones formales, en acero, níquel u oro; el segundo, con tendencia deportiva, casual; grande, voluminoso, con cronómetro, calendario, medidor de pulso, contador de pasos, etcétera. Llena tu muñeca de tecnología.

ESTILO	RELOJ EMPRESARIAL	RELOJ SOCIAL
Clásico / elegante	Brazalete de acero y/o piel con complicaciones, imprescindible huso horario.	Tamaño *oversize* sin perder calibre ni figura tradicional. Correa poco texturizada.
Fashionista / moderno	Correa de acero, caucho, piel, pieles exóticas, cadenas con inspiración *vintage*.	Carátulas divertidas, cero tradicionales. Ni circulares ni redondas...
Creativo / urbano	Correa de piel texturizada o plástica. Relojes inteligentes.	Correas de colores, sumergibles y de infinidad de texturas.

Un anillo indica tradición; sin duda, lleva contigo sólo uno. Si ostentas un título nobiliario, una argolla con el escudo de tu familia es básica o tu alianza matrimonial; ambas son óptimas elecciones. La argolla que portes debe ser realmente discreta, elegante y muy fina: en acero, oro blanco, dorado, plata sterling... Si este accesorio no es de alta calidad, desmerecerá tu imagen.

Deja descansar a tu anillo de graduación; ese símbolo universitario debe ser un bello recuerdo de aquellos días de estudiante, pero hace años que ese accesorio emblemático es de uso exclusivo para reuniones escolares. Hoy, utiliza una argolla moderna y diferente, labrada o minimalista.

Considera...

░ Tu anillo no debe verse apretado en tu dedo. Si te queda grande no lo uses. Si lo pierdes te vas a sentir muy mal...

❋ Si vas a tomar sol, quítatelo, porque te quedará la marca del bronceado en el dedo, iji, ji, ji!

❋ Llévalo con tu joyero si tiene alguna piedra floja o requiere algún tipo de mantenimiento.

La pulsera o brazalete es totalmente sport. En décadas pasadas, se llevaba nada más con ropa veraniega, ya que las mangas cortas permiten lucir la pieza. Actualmente las pulseras se utilizan como distintivo de pertenencia a un club, para ayudar a distintas fundaciones, o como mensaje publicitario. Sin embargo, desde siempre las pulseras han servido como iconos de moda y estatus. Los brazaletes metálicos son perfectos para el brazo masculino; la única particularidad es que la pulsera debe lucir ligeramente holgada.

Considera...

❋ La proporción de tu brazo: una pulsera gruesa en un brazo pequeño se ve mal.

❋ Si llevas un atuendo formal evita ponerte pulseras de hilitos, plásticos o materiales naturales; esto desmerece un atuendo formal. La juventud y la contemporaneidad se lleva en los hechos, no en un accesorio. Lo ideal es que conozcas dónde sí portarlo; eso sí habla de un hombre de mundo, que sabe dónde debe ir qué accesorio, ¿cierto?

Combinación de accesorios

Elementos naturales	Conchas, semillas, plantas y/o motivos naturales	*Outfit casual* Camisas de algodón, lino, seda
Elementos metálicos	Oro, plata, níquel, titanio, acero, etc.	*Outfit formal* Traje completo, blazer, tweed
Elementos plásticos	Chaquiras, esferas plásticas, resinas	*Outfit casual* Pants, *hoodie*, chamarras de algodón y playeras

Las mancuernillas atraen la prosperidad: el significado de usar una camisa con este accesorio delata al hombre impecable, escrupuloso con su imagen, que conoce el momento justo para llevarlas; pero llevarlas a diario podría devaluar tu imagen formal. En la actualidad existe un sinfín de diseños y estilos diferentes que puedes adaptar para el día a día y así dejar para las noche de gala los materiales como plata y oro.

Dije / gargantilla / choker: denota una imagen juvenil y actual. Puede ser de piel o caucho y el dije de algún metal fino, como el oro, plata o titanio. Si tienes el cuello grueso, olvídate de este accesorio: hace verlo aún más ancho. Úsalo sólo como un accesorio casual. Cuida que el tamaño sea proporcional a tu cuerpo: ni tan pequeño que se pierda ni tan voluminoso que llame la atención.

Pluma

Necesarias e ideales en el mundo de los negocios y también en los trabajos creativos, las plumas también marcan tu estilo y personalidad. Es obvio que jamás hablaría de las famosas plumas de plástico, o de esas que incluyen publicidad; hablo de una pluma fina y estilográfica que expresa la elegancia, el estatus y la autoridad que un caballero debe poseer.

- Un bolígrafo fino no es sólo para momentos de gala, escribe todo con él. No te limites, tu firma también requiere un buen vestir.
- Te animarás a escribir más que contratos; inspírate, deja huella en tarjetas de cumpleaños e invitaciones, personaliza tus ideas…
- El mantenimiento de un bolígrafo es casi nulo: se recarga de vez en cuando, dependiendo de la frecuencia de uso, pero en cuanto a funcionamiento y desgaste… cero.
- Compra garantía. Acércate a boutiques especializadas; el lujo nunca se adquiere en la calle.
- Estas plumas duran por generaciones y generaciones, por lo que son una excelente inversión:

se fabrican con materiales costosos. Cada vez hay más coleccionistas de estos bellos objetos; y, por si fuera poco, no se deprecian, por el contrario, aumentan su valor.

Llavero

Son un complemento fundamental, útil y original. Los llaveros o portallaves te permiten conservar mejor tu ropa; gracias ellos, las afiladas puntas y los bordes cortantes de las llaves no rasgan los bolsillos de tus prendas.

- Úsalos en piel o metal, ya sea con formas clásicas, divertidas y originales; tú decide la imagen que deseas proyectar.
- Evita traer contigo demasiadas llaves porque generan ruido y peso en los bolsillos.
- Aléjate de los llaveros promocionales o plásticos; se desgastan rápidamente y manifiestan descuido.

Mat-Moda. Menos es más

La Mat-Moda se ha utilizado para encontrar un balance entre los accesorios y su tamaño en relación con tu cuerpo. Es una herramienta para evitar recargarte de accesorios y no lucir como arbolito de navidad. Primero, ten en cuenta los accesorios base, es decir, aquellos que no suman puntos porque son obligatorios en el look del día a día.

- Calcetines
- Billetera
- Plumas, bolígrafos y fuente
- Llavero
- Maletas
- Paraguas
- Bastón
- Pantuflas
- Manta de viaje
- Mocasines
- Uno que otro gadget

Ahora, toma nota de la cantidad de accesorios ideal para ti, según tu estatura:

Si mides menos de 1.65 m: los accesorios ideales tendrán que ser pequeños en comparación con tu cara. Los collares, anillos y brazaletes deberán estar balanceados. Lleva de tres a cuatro accesorios:

Un anillo grande, un dije pequeño	Un dije grande y anillo con pulsera pequeña	Dije pequeño, anillo pequeño y pulsera pequeña
Dos anillos, un reloj grande	Un brazalete grande y un reloj grande	Un anillo, una pulsera, un reloj

Si mides entre 1.66 a 1.75 m: utiliza cuatro o cinco accesorios de medianos a grandes:

Un anillo, un reloj grande, una pulsera	Mancuernillas, un reloj grande, un anillo	Un anillo, un reloj, mancuernillas, una pulsera
Un anillo, un fistol, mancuernillas	Una gargantilla, dos anillos, reloj grande	Una gargantilla, un anillo, una pulsera, un reloj grande

Si mides más de 1.80 m: usa entre cinco a ocho accesorios grandes:

Un anillo grande, mancuernillas, un fistol	Un collar grande y un reloj grande	Un fistol, un reloj grande, una pulsera grande
Un collar grande, un reloj grande, un anillo grande	Dos anillos grandes Un reloj grande, un fistol	Un collar extragrande, un reloj grande

Accesorios y puntos por tamaño

ACCESORIOS	CHICOS	MEDIANOS	GRANDES
Sombrero	1	2	3
Gorras	1	2	3
Boinas	1	2	3
Corbata (si es festiva)	1	2	3
Pisacorbatas	1	2	3
Fistoles	1	2	3
Bufandas	1	2	3
Pashminas	1	2	3
Lentes de sol	1	2	3
Tirantes	1	2	3
Pañuelos	1	2	3
Flor en el ojal	1	2	3
Mancuernillas	1	2	3
Pulseras	1	2	3
Guantes	1	2	3
Cinturones	1	2	3
Relojes	1	2	3
Anillos	1	2	3
Zapatos	1	2	3

Ahora sí, tienes todas la alternativas para lucir increíble, ¿qué más quieres?

CAPÍTULO 7

COSMÉTICA MASCULINA
¡FEO, FUERTE Y TERSO!

PELEARÁN A 10 ROUNDS...

Un rostro sano no sólo indica salud o disciplina, la mayoría de las veces también es muestra de éxito. Te lo garantizo. Haz conmigo un pequeño ejercicio mental y revive a esa persona que te haya dejado huella en tu vida; hablo de esa "imagen aspiracional necesaria" que todos hemos tenido en algún momento. Tómate unos segundos y recuerda: bien vestido, en su peso, cabello impecable, pero sobre todo una gran piel y, que al momento de saludarle, no sólo imprimía esa ligera fuerza de confianza, sino también mostraba un cuidado perfecto en la dermis y hasta en las uñas. ¡Ash!, lo odias...

Esto resume la imagen de la victoria personal. El éxito y la prosperidad emanan de la piel y no sólo en lo que traes puesto. Estos pequeños detalles son los que forman la imagen ideal de un ganador: ¡tú!

¡Primer round! Identifica tu tipo de piel

Te ayuda para usar realmente lo que necesitas y no lo que tu amigo, hermano o primo utilizan y que de alguna manera les ha funcionado. Toma tu espejito y ¡a darle!

Piel normal es aquella que tiene los poros cerrados; es tersa, suave y sin brillo. Es la piel tipo bebé.

Piel grasa es aquella que se ve brillante, con poros abiertos, con erupciones o "granitos"; es más, parece estar gruesa, ¡tócate!

Piel seca es aquella que no tiene brillo, puedes sentirla con tirantez y en ocasiones presenta manchas. Si escuchas que te ves más viejo que tus amigos contemporáneos, de seguro tu piel puede ser seca, ya que ésta avejenta, ¡lo siento!

Piel sensible es aquella que se irrita, pica o enrojece por cambios climáticos o hasta por algún agente externo, como puede ser alguna crema. Caray, si lo sabré yo...

Piel acneica es aquella que tiene demasiado sebo, esto es, granitos y más comedones. Con esta piel no sufras, acércate rápidamente al dermatólogo y corta de tajo todo tipo de cremas y ungüentos innecesarios.

¡Segundo round! Cuidados generales

Lava tu cara con un gel limpiador facial; créeme que el champú que cae en tu cara al lavar tu cabello no hace las mismas funciones. Dependiendo del tipo de cutis que tengas, usa un exfoliante una o dos veces por semana y ¡listo!

No le tengas miedo a las cremas. Usa todas las que te recomiende tu dermatólogo de cabecera (todos deberíamos tener uno cerca... #AmoAMiDerma). Desde la crema de contorno de ojos, alguna humectante y el siempre bien recibido acompañante de tu dermis: el bloqueador solar, que debes usar mínimo tres veces al día: una aplicación en las mañanas después de bañarte, otra al mediodía y, al final, después de comer. Como dice mi dermatólogo, el doctor Gustavo Segura: "Se ha demostrado que las fuentes de luz en interiores también pueden tener un efecto negativo en la piel". Por lo tanto, dile adiós a las arrugas usando bloqueador hasta en la oficina.

Por las noches lava nuevamente tu cara con gel, ponte crema de contorno de ojos y una crema de noche.

¿Lo ves? Son pocos los pasos a seguir para lucir una piel sana y fresca.

Nunca, nunca...

※ Evita pellizcarte. Si te salió un comedón o granito, por favor, no te toques la cara. Cuida tu limpieza y listo. A ver, lo ideal sería la prevención e ir con tu dermatólogo para que te recete el producto ideal; si no es así, créeme que ningún alto ni semáforo es el momento perfecto para pellizcarte con las manos sucias. ¡Eso no se hace!

- Olvídate de usar productos pirata; los productos dermatológicos se venden en farmacias especializadas, no en mercados ni en puestos ambulantes.
- Rehúye del típico comentario: "Compra esta cremita que le salió muy buena al amigo de tu amigo". Es mil veces mejor que lo te recomiende un profesional en la materia; recuerda: lo barato sale caro.
- Prescinde de los productos para bebé y mujeres porque éstos no están hechos para tu piel, ¡olvídalo!
- Las cremas también tienen caducidad. Además debes cuidar tus productos. Dejarlos en el coche en altas temperaturas no es lo ideal, porque cambiarán por completo sus efectos...
- Tus productos son individuales, no prestes la crema ni el desodorante ni nada que toque tu piel.

¡Tercer round! El fotoprotector solar

No es bloqueador ni filtro solar. El producto que te ayuda proteger tu piel se llama fotoprotector solar. Como es un artículo que debes aplicarlo diariamente, hablaremos de él y de sus beneficios.

Tu tipo de piel define qué vehículo usar (crema, líquido o spray) y qué requieres. Hoy día hay productos que no sólo te protegen del sol, también desmanchan, previenen cáncer de piel o son antiedad. El tipo de fotoprotector depende también de tu edad; los más jóvenes (20-30) podrán usar los de consistencia más ligera; para las pieles maduras (a partir de los 50 años) las cremas son una gran opción, aunque actualmente ya existen fotoprotectores orales (éstos no sustituyen al cutáneo, se utilizan los dos).

El fotoprotector no es un artículo "ocasional", de lujo o exclusivo para tus vacaciones en la playa. Los rayos ultravioleta, los focos, las luces de tu computadora y hasta de tu teléfono irradian tu cara... Por lo tanto, tu fotoprotector solar es desde hoy un artículo de salud diaria (sí, una piel con daño solar está enferma y no es higiénica). ¡Cuídate a partir de ya!

Uso del bloqueador 3 × 7

No es la tabla de multiplicar, son las veces que usarás fotoprotector solar cada día de la semana. Con la transpiración natural, la fórmula se degrada; por eso es tan importante reaplicar. Y si vives en un lugar de mucho sol, por lo menos una vez más o le llamo a tu mamá...

1. Por la mañana después de tu rutina matutina.
2. A mediodía antes de la hora de comer.
3. En la tarde, a la hora del té o café.

No por estar de vacaciones abandones esta rutina. Aunque el día esté nublado también usa fotoprotector, ¡oh, sí! Recuerda que es el mejor producto antienvejecimiento. No hay mejor cómplice para prevenir las arrugas.

Debo hablarte con la verdad, cero sentimentalismos o engaños: ¿tú le darías trabajo a una persona sucia, maloliente? Claro que no. Por lo tanto, cuidar tu apariencia te ayudará a atraer prosperidad, seguridad, confianza; y si a eso le aumentamos que vistes bien y despides un olor agradable al andar, ¡voto por ti!

Esto es lo que una imagen masculina debe buscar como primer objetivo. Los hombres no necesitan llevar a cabo grandes acciones, ustedes son guapos por naturaleza. Lo único que necesitan es disciplina en sus hábitos, apertura hacia las nuevas tendencias y acercarse a los profesionales. Con estos tres rubros tu imagen estará en paz.

Aprovechando la ocasión, te recuerdo que debes ir a tu dermatólogo mínimo cuatro veces al año. En cada cambio de estación, tu piel presenta necesidades diferentes. Las visitas constantes pueden evitar envejecimiento y arrugas, y no hablo de ninguna inyección de bótox o cirugía, hablo de prevención por medio de hábitos y tratamientos. Busca un dermatólogo con cédula profesional y de especialidad; siempre es aconsejable que esté certificado por el Consejo Mexicano de Dermatología y forme parte de la Academia Mexicana de Dermatología o de alguna institución académica reconocida.

Sigue leyendo que todavía no acabo contigo, igrrrr!

¡Cuarto round! ¿Maquillaje para hombres?

¿Sabías que un rostro atractivo puede hacer que tengas mejores ingresos? Daniel Hamermesh, profesor de Economía de la Universidad de Texas, reveló que los varones pueden obtener un 4 por ciento de mayor remuneración y las mujeres, 8 por ciento. Esto lo podemos comprobar día a día; cuando observamos rostros atractivos en televisión o en publicidad, ofreciendo algún producto o servicio. Es decir, preferimos la belleza por obvias razones. Ahora bien, no todos podemos ser bellos por naturaleza, pero podemos ayudarnos a lucir muy bien parecidos. ¡Por supuesto! Hoy día, con todos los adelantos tecnológicos, no hay pretexto para mostrar descuido en tu persona; y aunque el cuerpo es un todo, la cara es fundamental. Por lo tanto, tú también puedes usar y lucir impecablemente masculino con un maquillaje varonil.

Para los egipcios, era natural realizar varios cuidados higiénicos y cosméticos, cosa que en nuestros días resultaría imposible (los hombres usaban maquillaje en los ojos, boca y cejas, y el faraón usaba postizos en la barba). La costumbre de maquillarse y acicalarse ha sido algo natural en la historia de las civilizaciones; podría continuar con tantos ejemplos históricos del uso del maquillaje masculino que acabaríamos por darnos cuenta de que en estos tiempos somos muy aburridos y poco amigables con las esponjas, polvos y brochas, en comparación con otras épocas donde los hombres se maquillaban más que las mujeres (siglo XVII, por ejemplo).

Por fortuna, esto se terminó y en nuestra era un hombre debe lucir naturalmente arreglado y hacerse de algunos aliados para verse bien. Va mi técnica de maquillaje para ti, y sí, para ti.

Maquillaje de uso diario

Paso 1-piel: prepara tu cara —como siempre lo has hecho— con tu crema humectante o recomendada por tu dermatólogo, crema de contorno de ojos y, después, tu bloqueador solar.

Paso 2-vello: cepilla el vello de tu rostro, incluyendo las cejas y aplícales gel, para que no pierdan su forma natural ni anden bailando por el párpado.

Este producto no tiene color, tranquilo; sólo es para fijarlas hacia arriba, peinarlas por así decirlo.

Paso 3-barba o bigote: si deseas acentuar tu barba, coloca polvo café neutral sobre ella con tu brocha, y rellena con ligeros toques los huecos para definir la forma de tu barba. Así, se verá cerrada y varonil. Es cierto, este efecto lo usan muchos hombres y los artistas, más. La barba perfecta existe, la haces tú.

Paso 4-humectación: protege tus labios con productos sin color, o con color si tienes labios pálidos; es totalmente válido. Lucir una boca ligeramente rojiza te da una apariencia jovial y te proyecta como alguien saludable. Además, empresarialmente da como resultado mejores negociaciones. Hoy en el mercado hay una infinidad de productos que te dan humectación y color al mismo tiempo, sin parecer que usaste el labial de la pareja o se te cayó el circo encima.

Paso 5-corrector: sólo en caso de que tengas ojeras pronunciadas o alguna imperfección en la piel, coloca una capa ligera sobre ella y ¡listo!

Herramientas del maquillaje masculino

El maquillaje para hombres es realmente sencillo y se acompaña de muy pocos productos. Es ideal si tu actividad te exige una apariencia perfecta.

- *Cepillo para peinar cejas:* peina siguiendo su nacimiento natural.
- *Esponja para base de maquillaje:* permite suministrar la cantidad ideal de producto y otorga naturalidad a la aplicación.
- *Brocha para sombra:* ayuda a aplicar el polvo necesario en el rostro.

Productos para el maquillaje masculino

Gel para cejas, polvo café neutral, humectante de labios, corrector.

Sugerencias

﹌ Discreción: el maquillaje masculino debe ser sutil.

﹌ Calidad: siempre busca marcas y firmas reconocidas.

﹌ Eventualidad: éste puede ser usado para alguna reunión social o evento importante.

Usar maquillaje no te hace perder masculinidad; con él te ves sano, atractivo y jovial ante el desgaste diario que vivimos actualmente. ¡Qué pena para el Hombre Invisible! A él, de plano, ni cómo ayudarlo...

¡Quinto round! *Homo sapiens sapiens vs.* el hombre licántropo...

Debes quitarte de la mente que un hombre debe ser feo para verse viril. Borrado este popular y arcaico pensamiento... toca el turno al vello que invade tu cuerpo. Toma tu rastrillo y el espejo, que los vas a necesitar.

Checklist ¡de pelos!

Cara:

﹌ *Bigote*: proporcional a tu cara, bien acicalado y definido. Que no sea tan largo que se vea sucio por la comida, mal peinado y deshidratado o con frizz.

▨ *Barba*: recortada, hidratada, pulida (totalmente válida con algunos brotes de canas o completamente gris, ¡guapo!) y proporcionada a tu rostro. No debe ser tan larga, para evitar que parezcas vagabundo en lugar de un fuerte leñador.

※ *Patillas*: deben estar alineadas a tu corte y orejas; ser proporcionales a tu cara y acordes a tu actividad. Olvídate de las patillas rancheras, anchas y peludas si trabajas en un corporativo o una empresa conservadora. ¡Desentonas, mi Chente!

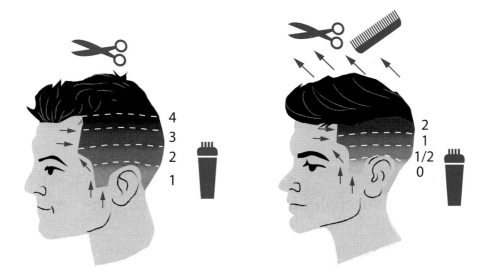

※ *Corte*: acude a tu peluquería cada mes. Usa un estilo corto; cuida que el cabello no tape tus orejas y que luzca limpio y brillante. No sólo te veas de frente: ¡mírate a los 360 grados!

※ *Fleco*: está bien estilizarlo con cera, mousse o gel. Córtalo cuando oculte tu cara y no deje ver tus ojos.

※ *Teñido*: cualquier color requiere mantenimiento. Si el color borgoña que te pusiste ya es rosa, o tu castaño está a punto de ser amarillo óxido… es el momento de pintar.

Cuerpo:

Rasúrate con máquina, rastrillo, cera, hilo o láser. Tú decide qué tipo de depilación le cae mejor a tu piel: puede ser que tu dermis sea gruesa y soporte muy bien la cera, o sea tan delicada que sólo se adapte al láser, o quizá te gusta la definición del hilo. Te sugiero que pruebes todas las opciones en zonas pequeñas de tu piel y luego decidas cuál es la mejor para ti.

- *Pecho*: elige el largo que te agrade a ti o a tu pareja. Y jamás pases la máquina o rastrillo sobre tus pezones, sólo alrededor de ellos.
- *Espalda, cuello y hombros*: en estas partes retíralos totalmente, se ven ¡ho-rro-ro-sos!
- *Axilas*: muchas veces el mal olor proviene de bacterias que se quedan atrapadas en los cabellos de la axila. Rasurarte disminuye, aproximadamente, un 50 por ciento el mal olor. No seas malo, rasúrate...
- *Ingle y partes íntimas*: retira el vello con mucho cuidado en la ducha, y al terminar aplica una crema hidratante; si no, no te vas a acabar la comezón.
- *Piernas y pantorrillas*: puedes eliminar el vello o sólo rebajarlo, según tu gusto.
- *Dedos de pies*: pelos en los pies sólo Frodo... Retira el vello ¡siempre!

Evita hacer cualquier rasurado en seco, ¡quiérete!

Barberos, dermatólogos y laboratorios recomiendan usar algún producto que favorezca la humectación antes y después de la depilación. Así que, por favor, compra una espuma para la barba y un tónico o gel para refrescar después del rasurado.

¡Sexto round! ¡Toallas, toallas!

El cuerpo se debe lavar perfectamente bien, a diario. Actualmente existen diferentes productos para la limpieza corporal que puedes utilizar; desde el gel facial hasta el famoso y siempre fiel jabón. En este caso lo ideal es utilizar un jabón neutro sin alcohol (éste puede resecar tu piel). Si eliges usar gel de baño procura que sea para tu tipo de piel. Con los exfoliantes debes tener cuidado ya que un mal uso puede llegar a lastimar tu dermis. Sigue las instrucciones de tu dermatólogo (y no a la persona que trabaja en la farmacia; lo siento, el que sabe es tu doctor).

¡Séptimo round! Los olores

Llego a un tema que me encanta ya que lo he tratado en mis otros libros y la verdad siempre que pueda lo haré. ¿Motivo? Me gusta dejar huella al andar y aunque se escuche como canción, es cierto; los aromas nos traen recuerdos sensoriales de toda nuestra vida... En ocasiones, no puedes hablar con toda la gente con quien te encuentras, ni darle la mano a todos, pero lo que sí haces es caminar entre ellos, encontrarte de manera fugaz en un elevador, en el estacionamiento o en un pasillo. Y tu olor es el que te define y hace que todos te recuerden, ¿verdad que sí?

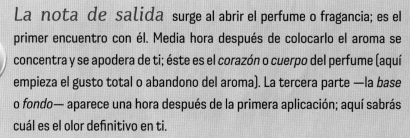

La nota de salida surge al abrir el perfume o fragancia; es el primer encuentro con él. Media hora después de colocarlo el aroma se concentra y se apodera de ti; éste es el *corazón* o *cuerpo* del perfume (aquí empieza el gusto total o abandono del aroma). La tercera parte —la *base* o *fondo*— aparece una hora después de la primera aplicación; aquí sabrás cuál es el olor definitivo en ti.

Recuerda que el perfume no tiene fijador, su composición es la que se fija con tu pH. Por eso varias personas podemos usar el mismo perfume y nunca oleremos igual...

¡A la compra!

No corras, no grites, no empujes... cuando escojas tu fragancia. Coloca un poco de la fragancia en ambas muñecas y en tu pecho y deja transcurrir el tiempo necesario para descubrir si ese aroma es para ti.

Si al elegir algún aroma ya estás "agotado" sal de la tienda, toma aire fresco y regresa, que Santa no trabaja solo. Soy de la idea de que probar tres aromas al día es más que suficiente; ten calma, encontrar tu aroma ideal merece tiempo.

Lo ideal es comprarlo un viernes y probarlo el fin de semana para que encuentres la cantidad ideal para ti y el lunes llegues a trabajar con la dosificación perfecta. Te ayudo a escoger...

TIPO DE FRAGANCIA	CONCENTRACIÓN	INGREDIENTES	USO	ACTIVIDADES
Agua refrescante (*eau de fraîche*)	Porcentaje de esencia mínimo y casi sin alcohol (1-3%)	Cítricos, naranja, mandarina, toronja, limón, frutos del bosque, albaricoque, piña, manzana	*Mañana* Los olores frescos activan el cerebro	*Fines de semana* Totalmente relajado
Agua de colonia (*eau de cologne*)	Porcentaje de esencia 3-5%; alcohol, 70-80%	Cítricos, melocotón, manzana, jengibre	*Mañana* Los aromas frescos mantienen la concentración	*Trabajo* Reavivas a tus compañeros
Agua de tocador (*eau de toilette*)	Esencia 5-10%, contenido de alcohol 85%	Cítricos, frutas, flores: lavanda, salvia, violeta, flor de loto		

TIPO DE FRAGANCIA	CONCENTRACIÓN	INGREDIENTES	USO	ACTIVIDADES
Agua de perfume (*eau de parfum*)	Esencia 10-15%; alcohol 90%	Flores, geranio, ahumados, vainilla, pimienta, canela, ámbar, romero, lavanda, menta, tomillo, sándalo, chocolate	*Tarde-noche* Olores más concentrados, dulces y fuertes; por lo tanto, son poco recomendados para estar en lugares cerrados y con mucha gente.	Citas románticas
Perfume	Esencia 15-30%; alcohol de alta graduación	Flores, ahumados, madera, musgo, incienso, lavanda, ámbar, resina, cedro, caoba, chocolate	*Noche* Definitivamente son aromas profundos y fuertes; son agradables para dejar huella durante las noches	

Nota: los porcentajes pueden variar por fabricante.

Escoger tu aroma por personalidad te ayuda a generar congruencia contigo mismo. Ahora te toca decidir, conocer o reafirmar la esencia que te acompañará. Esta decisión será en gran medida generadora de una primera muy buena impresión, así como de una excelente y aromática imagen.

Personalidad clásica: le gustan los perfumes tradicionales y al mismo tiempo seductores, de notas firmes que no caducan con el tiempo, que han sido usadas por varias generaciones (aquella que usó su padre). Las fragancias para este tipo de personalidad podrán ser sándalo, madera, lavanda, bergamota, ámbar, musgo y hasta canela o pimienta.

Personalidad fashionista: va a la moda, le gustan las notas *unisex*. Lo más importante para él es tener un olor único, vanguardista, muy diferente y, claro, no se casa nunca (¡iups!) con ningún olor; lo suyo es una búsqueda continua, evolución personal y cambio hasta en sus fragancias.

Personalidad sport: se define por su jovialidad y amor por las actividades y la diversión, por lo que debe usar tonos frescos como la naranja, limón, manzana roja, jengibre. Lo suyo son las aguas de colonia, nada pesado o intenso.

Personalidad creativa: le encanta vivir relajado, en armonía y comodidad, por lo que van con su identidad olores frescos de flores y frutas, en combinación divertida con algunas especias como menta, bergamota y almizcle. Los aromas con notas de violetas y lavanda son opciones divertidas y cosmopolitas que deleitan el estilo fresco y vibrante de esta personalidad jovial.

Personalidad urbana: le gusta estar en el presente y experimentar con lo del momento, pero sin arriesgar tanto como el fashionista. Es seguro de sí mismo, no teme los cambios, usa los olores dependiendo su actividad. El aroma ideal para él es un perfume contemporáneo, mezcla de almizcle y tonos florales, ambarinos y amaderados.

Para olerte mejor...

- En climas cálidos las fragancias se evaporan más fácilmente; así que reaplícate, sin excesos.
- En invierno, además de que te va a durar más el perfume, podrás usar olores más fuertes, pasionales e intensos. Y en verano escoge aromas ligeros y suaves.
- Un perfume al igual que un vino se tratan con cuidado: no los expongas al sol, no los dejes en el coche o al lado de la ventana; tampoco en el baño de visitas como galería, a menos que dejes que esas visitas lo usen, ¡¿ah, verdad?!
- Si de plano tu perfume lo usas #muypoquito, mételo al refrigerador. Te va a durar más, y tu piel estará más que perfumada.

Existen chicos a los cuales no les gusta ponerse perfume, pero si quieren oler bien. Para ellos tengo una idea: ¿qué les parece comprar un jabón de cuerpo, gel corporal y hasta la crema humectante del mismo olor? ¡Bingo!

- Cualquier cambio climático afecta a tu perfume. Si llegas a un lugar nuevo, haz pruebas el primer día y poco a poco ve dosificando tu esencia personal...
- Evita colocar perfume sobre el olor a cigarro. Esto no elimina para nada el tufo del tabaco.

¿Es válido oler fresco, dulce, intenso o incluso cambiar de aroma durante el día? ¿Una misma persona puede tener varias fragancias o es necesario apegarse a una sola? Sí, efectivamente, cambiar de fragancia se autoriza. La vida es un constante juego con el destino; y tu fragancia personal es tu sello individual. Por lo tanto, úsalo a tu favor.

¡Octavo round! Desodorante

Llegamos a uno de los productos más cotidianos y más importantes de tu imagen: tu desodorante. Después de bañarte, seca bien tus axilas y colócalo.

La transpiración es una condición humana natural, por lo tanto hay momentos en que debes permitirte sudar a gusto... pero sin oler mal, o sin que se note en la ropa.

En primera instancia, tu piel te indica qué desodorante es ideal para tu tipo de transpiración. Soy de la idea que pruebes dos o tres y, luego, da el sí. ¡Cásate con el que más te guste! Éste no te abandonará y te cuidará toda tu vida.

- Spray: para los veloces, no deja mancha en tu ropa y rápidamente sigues tu camino.
- Barra: para los que van con calma y se emperifollan despacito, medio vestidos, esta presentación es agradable. Si lo usas y te colocas rápidamente tu ropa puedes llagar a mancharla.
- Roll-on: tiempo al tiempo. Esta presentación es rápida y efectiva; en lo que te pones el pantalón ya se fusionó con tu piel y estarás listo para triunfar con un buen olor.

¡Noveno round! Higiene bucal

La higiene bucal es parte de tu imagen; es más; la boca es por instinto el segundo punto que miramos cuando nos presentan a alguien: lo primero son los ojos e inmediatamente nos remitimos a los dientes. Lava tus dientes después de cada comida. Por las noches usa hilo dental y algún enjuague bucal.

Visita a tu dentista mínimo dos veces al año. Él puede recomendarte pastas de dientes especiales para dientes sensibles, hacerte una limpieza, tapar las caries, revisar la salud de tus encías, aplicarte tratamientos de ortodoncia, colocar prótesis, entre otros beneficios.

El mal aliento o halitosis es una condición bucal causada principalmente por falta de higiene y bacterias, pero también puede ser consecuencia de alguna enfermedad. Si tu limpieza es adecuada y aun así tienes mal aliento, consulta a tu médico para descartar cualquier problema de salud.

Además de lavarte adecuadamente, beber agua es un gran aliado para evitar el mal aliento. Para aquellos que nos desarrollamos dictando conferencias, el hábito de tomarla no es sólo para refrescar la garganta, sino también el aliento. No dudes en beber agua simple si te encuentras en un lugar pequeño rodeado de personas...

¡Décimo round! Manicura y pedicura

El cuidado de las manos y pies no es exclusivo de las mujeres, un hombre debe estar impecable también (uno nunca sabe cuándo la convención de trabajo será en la playa o alguna invitación social te hará usar sandalias).

- Corta todas tus uñas al ras.
- Lleva la cutícula al natural. Sólo empújala hacia la lúnula, no la cortes.
- Lima tus uñas, no las barnices.
- Nunca las lleves mordidas o largas.
- Si ves alguna uña con diferente coloración o grosor, visita a tu podólogo; él es el encargado de ayudarte en este tema.

El pie de atleta es una infección muy común por hongos y se contagia rápidamente por contacto directo o por medio de los zapatos, calcetines y superficies húmedas. Evita:

- Usar calzado recubierto con plástico.
- Mantener los pies húmedos durante periodos prolongados.
- Andar descalzo en baños, balnearios y albercas públicas.

P.D.
En 2013 la venta
de productos para el
cuidado personal masculinos en
México alcanzó cifras de alrededor
de $35,400 millones de dólares. Para
2017 se estimó que la cifra aumentó
a $45,416 mdd. Excelente nicho
para invertir, creo yo...
¡Te lo dejo de tarea!

CAPÍTULO 8

MANTENIMIENTO DE TU ROPA Y ACCESORIOS

Yo sólo sigo las órdenes de una persona... ¡de mí! En mis veintidós años como consultora de imagen siempre he dicho que la ropa es una inversión y, como tal, debes cuidarla.

No es más listo el que compra más ropa y accesorios, sino el que sabe invertir en sus prendas y darles mantenimiento.

Vamos a empezar por lo más fácil, pero que nunca hacemos: leer la etiqueta de tu producto. Aunque no lo creas, si tienes el hábito de revisar las instrucciones de lavado, contribuyes a que tus prendas duren por más tiempo con su color original y forma.

¡A la etiqueta, mis valientes!

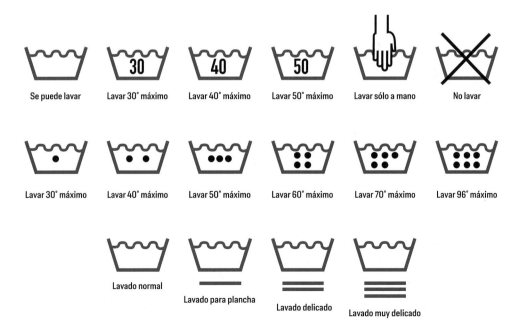

| Se puede lavar | Lavar 30° máximo | Lavar 40° máximo | Lavar 50° máximo | Lavar sólo a mano | No lavar |

| Lavar 30° máximo | Lavar 40° máximo | Lavar 50° máximo | Lavar 60° máximo | Lavar 70° máximo | Lavar 96° máximo |

| Lavado normal | Lavado para plancha | Lavado delicado | Lavado muy delicado |

177

Blanqueadores

Se puede lavar

Usar sólo blanqueadores de oxígeno

Usar sólo blanqueadores de cloro o lejía

No usar ningún tipo de blanqueador

Secado a máquina

Secar en secadora

Secar a baja temperatura

Secar a baja temperatura normal

No secar en secadora

Secado delicado

Secado muy delicado

Se puede planchar

Planchar a baja temperatura
Max. 110

Planchar a baja temperatura
Max. 150

Planchar a alta temperatura
Max. 200

No planchar

No usar golpe de vapor

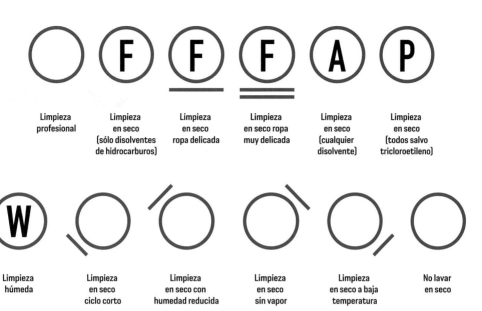

| Limpieza profesional | Limpieza en seco (sólo disolventes de hidrocarburos) | Limpieza en seco ropa delicada | Limpieza en seco ropa muy delicada | Limpieza en seco (cualquier disolvente) | Limpieza en seco (todos salvo tricloroetileno) |

| Limpieza húmeda | Limpieza en seco ciclo corto | Limpieza en seco con humedad reducida | Limpieza en seco sin vapor | Limpieza en seco a baja temperatura | No lavar en seco |

¡A la carga! Lavar tus prendas en casa

Playeras, ropa interior, camisas, pijamas, sábanas y calcetines de *algodón*. Camisas, pantalones y sacos de *lino* (siempre lava juntos el saco y pantalón de un traje para que tengan el mismo desgaste), prendas de *mezclilla, gabardina, franela, microfibras* y *telas sintéticas*.

- Sigue las instrucciones de lavado de tu detergente (sea líquido o en polvo). Por ejemplo, dejar en remojo hace que la suciedad salga más fácilmente y que sea menor el tiempo de duración del ciclo.
- Lava con agua fría, pues el agua caliente puede desteñir la ropa.
- Adquiere la lavadora ideal para ti: las de carga frontal si no lavas demasiadas prendas, y la de tina si lavas más ropa.
- Evita sobrecargar tu lavadora o lavar pocas prendas en una sola carga.

Siempre es mejor si...

- Lavas la ropa por color. Separa los colores claros de los oscuros.
- Evitas meter la ropa rota o deshilachada, ya que podría dañarse aún más.
- Extiendes las prendas, nada de meterlas hecha bolas.
- Lavas por separado una prenda nueva de un color intenso, ya que puede desteñirse y manchar otras prendas; por lo tanto, es mejor lavarla aparte.
- Secas tu ropa al sol; es un bactericida natural (los rayos UV dañan el material genético de los bichos), ¿verdad, doctor Larralde? El sol debe incidir directamente en la prenda y entre más tiempo estén expuestos, mayor será su efecto. Sin embargo, algunos colores oscuros o muy vibrantes como el rojo, naranja, fucsia o verde pueden verse dañados con el tiempo por el sol.
- Le das mantenimiento a tu lavadora, mínimo una vez al año.

Si de plano, no se te da el lavar... llévalo a una lavandería. Actualmente es muy común encontrar este servicio y en algunos lugares prácticamente te entregan la ropa planchada. Pero nunca olvides lavar tu ropa, sobre todo en climas cálidos, ¡mare, lindo!

Suavizante

Es importante en el lavado de tu prenda, ya que ayuda a mantener el color, cuida las fibras de tu prenda y suaviza la tela, por lo que se siente muy bien al tacto y huele delicioso: ¡a limpio! Se puede pensar que altera los tejidos y "aguada" tu ropa, pero la protege haciendo que las prendas duren más y que el planchado sea menor. Tu ropa es una inversión y el cuidado que le des te dará grandes dividendos al final del día.

El botiquín de la moda

En realidad es muy práctico tener uno. Tú tranquilo, aquí estoy, no me voy. Los productos que a continuación he elegido son precisamente aquellos que se requieren para que "salves" tu ropa de cualquier imprevisto, de la manera más sana e ideal para ti y para la inversión que implica tu ropa. Toma en cuenta estos pasos para cualquier mancha, que no te invada el pánico, ¡reacción!

Recuerda lavar las manchas por el lado interior, así no se involucrarán más fibras y no se maltrata la tela.

Pasos cero:

- Intenta quitar la mancha de manera inmediata; entre más tardes, más difícil será quitarla.
- Evita restregar la mancha; una servilleta de papel absorbe el exceso de la sustancia indeseada en tu prenda con delicadeza. Quita lo más que puedas de la sustancia de dentro hacia fuera, para no hacer más grande la mancha.
- Después de darle el tratamiento a la mancha, lava por completo tu prenda; de este modo quitarás cualquier tipo de residuo que se haya quedado en la prenda.
- Cuidado con las manchas "traicioneras", aquellas que no se ven, como las de productos azucarados (refrescos). Éstas trátalas de manera inmediata porque se pueden ocultar en la tela y al contacto del aire salen a la luz (oxidación), ¡se ve fatal!

Ahora sí empecemos con los productos básicos para tu **botiquín SOS Moda**.

Agua oxigenada

Se recomienda para manchas de maquillaje, vino tinto, blanco, grasas comestibles, pinturas de agua, manchas amarillas, quemaduras ligeras a causa de la plancha, sangre.

Para evitar cualquier incidente en tu ropa y la de algún invitado que llegue a necesitarlo es ¡in-dis-pen-sa-ble!

- Diluye agua oxigenada en agua y lava tu prenda.
- Diluye agua oxigenada con jabón líquido y lava tu prenda.
- Sin diluir, lava directamente la macha con el agua oxigenada.
- Después de usar el agua oxigenada lava tu prenda como normalmente lo haces.
- Lo ideal es que dejes remojando la prenda aproximadamente 10 minutos antes de lavarla, al no contener cloro no mancha la ropa, pero puede ser potente, lo ideal es usarla en ropa blanca.

Agua mineral

Úsala en manchas de café, refrescos azucarados, purés, mermeladas, jugos de frutas y verduras, hasta el vómito, ¡iug!

El agua mineral todavía es aún más fácil de encontrar, así que ten una pequeña en tu botiquín y, después de retirar el exceso, aplícala directo a la mancha.

Bicarbonato de sodio (hidrógeno carbonatado de sodio, bicarbonato de soda, sal de Vichy)

Este género lo puedes adquirir hasta en la farmacia. Mantenlo bien cerrado y empléalo para quitar manchas de grasa, aceite y manchas amarillentas por la transpiración. También elimina olores a cigarro, moho, desodorante y sudor.

Para aquellos que sufran de acidez o malestar estomacal, éste debe ser un producto conocido, y en el caso de la ropa posee grandes cualidades como desmanchador.

- Dilúyelo con jabón líquido.
- Dilúyelo con jabón en polvo.
- Dilúyelo con agua.
- Deja en remojo las prendas a las que quieras quitarles "lo manchado".

Sal de grano y sal fina

Ideal para eliminar manchas de fruta, vino, grasa y aceite, mayonesa...

¡Ponte sal, ponte sal! Efectivamente, una mancha fresca siempre será más fácil de quitar si colocas sal en ella y dejas que el cloruro de sodio oxide las moléculas de la sustancia vertida en tu ropa —qué propiedad la mía al hablar—, así los colores de las sustancias pierden fuerza y tonalidad. Por eso es más sencillo sacar la mancha.

- Coloca la sal en la mancha durante mínimo media hora y, ahora sí, lava como de costumbre.
- Si tienes a la mano un desmanchador químico se vale usarlo después de la sal.
- Coloca la sal sobre la mancha y ligeramente presiona contra la tela en la parte afectada; deja que la sal absorba y ¡listo!

Vinagre blanco

Remueve manchas de pasto, residuos de detergentes, olores a tabaco, humo, humedad y sudor.

Ya sabrás que este producto es casi un milagro: sirve en el hogar para limpiar vidrios, eliminar el sarro de los grifos, el cochambre y, ¿qué crees?, sus propiedades también quitan las manchas de tu ropa.

El uso del vinagre para desmanchar tu ropa debe hacerse en el paso cero. Una taza de vinagre por unos cinco litros de agua en verdad es muy rendidor; de hecho, puedes verterlo en tu lavadora usando la misma medida. También puedes remojar tu prenda nueva antes de meterla al jabón para intensificar los colores.

Alcohol (isopropílico o isopropanol)

Útil para quitar el labial, maquillaje, cera, crayones...

Lo primero es que no talles nada, sólo voltea tu prenda, coloca papel debajo y pon en un hisopo un poco de alcohol y ve empujando poco a poco la mancha. Usa de menos a más producto para no hacer más grande la mancha; hazlo despacio y con precaución porque este alcohol es altamente flamable...

Para quitar manchas de labial y maquillaje en polvo, usa jabón líquido y agua, y comienza a desmanchar con un hisopo de algodón, sin tallar.

Para eliminar la cera debes tener más paciencia: retira toda la cera posible, después coloca un papel secante por ambos lados de la prenda y pasa la plancha sobre ella; de esta manera, la cera saldrá. Aplica alcohol y luego lava la prenda con jabón líquido. Si la cera es de color puede ser más lento el proceso o deberás repetirlo hasta lograrlo. Puede ser cansado o decepcionante, porque la mancha puede no salir por completo; lo siento, mi guapo peregrino...

¡A la tintorería!

Lleva todas las prendas cuya etiqueta así lo indique. Aquello que se haya manchado de grasa. Ropa de seda y lana, trajes, sacos, corbatas, piel, gamuza, terciopelo, ropa con alguna aplicación (bordado, estampado, lentejuela)

- Los beneficios de lavar en seco son: los tonos mantienen su originalidad, las tallas no cambian (en la secadora pueden hacerse pequeñas).
- Las desventajas de lavar en seco son: es costoso, pero la ropa queda espectacular. En ocasiones no elimina las manchas, incluso pueden notarse más por el efecto de los químicos. Lo ideal es actuar sobre ellas inmediatamente.

¡Zapatos, zapatones y zapatitos!

Para mí, los zapatos son uno de los accesorios más fieles y nobles, ya que resisten horrores y son uno de los artículos a los cuales le damos poco mantenimiento. ¡Va lo básico de lo básico!

- Póntelos con calzador, así no se te harán cuarteaduras en el talón.
- Ata tus zapatos sin exceso de presión. No lo hagas muy fuerte porque sólo se marcarán en el empeine y éste se maltratará.
- Guárdalos en una zapatera abierta. Lo ideal es que respiren tus zapatos; evita guardarlos en cajas y menos si en donde vives hay humedad, ¡adiós, moho!
- Siempre deja descansar tus zapatos un día por lo menos: si usas los mocasines el lunes, póntelos hasta el miércoles. Esto permite que la piel respire, evitas infecciones y tu calzado te va a durar más.
- En tiempos de lluvia deja secar bien tus zapatos, no los guardes mojados.
- Quítales el polvo con un paño de franela o un lienzo limpio y seco, así la piel revive. Olvídate de usar un trapo húmedo; eso ¡jamás!
- Por lo menos una vez al mes límpialos sin las agujetas; hará que éstas no se marquen y luzcan impecables.
- Lava tus agujetas si son claras para que no se vean sucias.
- Dales su famosísima "boleada" profesional con tu bolero o lustrador preferido; sólo ellos son capaces de otorgar esa flamante apariencia de zapatos de baile de James Brown.
- Devuélveles su forma original con unas hormas de madera de cedro, incluso lograrás que huelan muy bien.

¡Agujas a mí! Obvio, no... al sastre

Haciendo referencia al lenguaje no verbal y de acuerdo con el estudio que hizo el investigador Albert Mehrabian, el 55 por ciento del impacto de un mensaje se da a través de señales y gestos, y si éstos están arropados por un gran vestuario, tu comunicación será certera. Por el contrario, cuando tus gestos se acompañan de algunos defectos (como un botón que está por caerse, un pantalón sin bastilla, mangas del saco extralargas), tu imagen decae y revela descuido, abandono y poca atención a los detalles y eso: ¡nunca!

Arreglos que quedan súper con tu sastre:

※ *Sacos*: únicamente puedes arreglarlos del largo de las mangas. Es peligroso ajustar el largo o la espalda. La sugerencia es hacerte un traje a mano o usar una marca que te quede "como un guante".

※ *Camisas*: para reforzar botones o asegurar la costura de la bolsa, recuerda que estos arreglos deben ser de "zurcido invisible"; al momento de ser visibles dan una mala imagen. Mejor elimínalos ya, ¡de verdad!

Mantenimiento de otras prendas

Ropa interior: revisa que los resortes tengan todavía un buen ajuste, y que los colores se mantengan intensos, vivos. Al menor desgaste, quítatelos. Sí, para cambiarlos por unos nuevos...

Calcetines: en el siglo X se llevaban calzas largas hasta la rodilla y otras cortas hasta los tobillos; de ahí nacieron los calcetines actuales, que debemos cuidar así:

※ *Limpios*: éstos deben cambiarse todos los días; nada de andarlos volteando, por favor.

※ *Completos*: cuando ya estén agujerados, cóselos. Deben mantener su color original y su elasticidad, es decir, el ajuste perfecto para tu pantorrilla; que no se te caigan o se marquen en la piel. Y si se te perdió uno... puedes decirle adiós al otro.

Corbatas: ya comentamos que esta prenda va a la tintorería, no hay de otra. Pero te daremos unos tips para guardarla:

※ Enróllala y deposítala en un cajón.

※ Cuélgala en percheros especiales o sólo déjala en un gancho.

※ Nunca la guardes con el nudo hecho, ya que puede maltratar la seda y hará que luzca acartonada.

※ Por favor, nunca la talles con algún cepillo. Al estar hecha de seda, ésta tiene filamentos muy finos que puedes jalar y deteriorar. Mejor ni lo intentes...

Pantalones: debe ser una tarea facilísima y a la vez objetiva. A lo largo de décadas asesorando hombres, me ha tocado conocer algunos que no quieren desechar sus prendas, ya sea porque tienen algún buen recuerdo o porque creen que todavía están en perfecto estado, y ya no. ¡Ay, chicos!

Cuando tus pantalones se marcan en las rodillas o empiezan a quedarte cortos, deséchalos. Anda, dámelos, dámelos, sobre todo si:

※ Se ve desgaste en las rodillas o *derrière* (nalgas o pompas), bolsillos traseros y entre los muslos.
※ El cierre ya no sube o baja con facilidad. O lo cambias o deja de usar ese pantalón; no queremos sorpresas, por favor...
※ Ya está decolorado, ¡adiós! A menos que te guste la tonalidad que han tomado, puedes usarlo siempre y cuando sea para una actividad muy casual.

Chamarras: al ser una prenda para exteriores debe estar impecable. No por ser una prenda para tránsito, compres la más barata. Por el contrario, es lo primero que se ve y debe estar no sólo en perfecto estado, sino también de acuerdo a tu colorimetría.

※ Olvídate de traer esta prenda con hoyos en los puños o los cuellos desgastados.

Sudaderas y suéteres: estas prendas no son para vivir pegados a ellas. Sí, hay chicos que de plano se convierten en un perchero viviente. Esto es interesante: si tú o algún conocido usa esta prenda siempre, es un aviso de que su vida necesita algo más, desde alegrías hasta un abrazo. Es una señal de alarma psicológica, así que, cuidado, porque tu ropa habla de ti, de dentro hacia fuera.

※ Por lo general las sudaderas y suéteres van doblados, no requieren ir en ganchos porque pueden "colgarse", o deformarse su tejido. Si por espacio te conviene guardar las sudaderas en ganchos, adelante. ¡Con ellas no hay ningún problema!

Abrigos: son una de mis prendas favoritas en cuanto a mantenimiento porque, prácticamente, no lo necesitan. La lana de la cual están fabricados es altamente durable, y con un trapo húmedo está limpia en un instante. Además, los abrigos se van heredando de generación en generación por su cuidadosa fabricación. Podría decir que, junto con los sombreros, son las piezas más nobles de un guardarropa.

- Lo ideal es llevarlo a la tintorería, sólo cuando realmente está sucio.
- En el momento en que te parezca un poco aburrido, llévalo con el sastre para que le cambie los botones o le cosa los ojales con un hilo distinto. Así le das un ligero cambio y lo pones en marcha de nuevo.

Chalecos: tampoco se lavan con frecuencia, no se ensucian con facilidad y, además, son súper versátiles.

Traje de baño: te pido atención y paciencia, mi querido saltamontes: debes tener tacto, sí, cuidado de mantenerlos en perfecto estado, ya que podrían considerarse una prenda íntima: no llevas nada de nada debajo de ellos y debes lucir completamente impecable.

- El gran beneficio de un traje de baño es que no pasa de moda con facilidad. Por lo tanto, haz una buena inversión, vale la pena.
- Cuida que el forro o el calzón interno estén en perfectas condiciones.
- Así también debe funcionar adecuadamente el resorte donde se introduce la cinta o jareta; no porque te introduzcas al agua con él debe estar descolorido y mucho menos flojo...

Gabardinas: gracias a su capa impermeable, su lavado es básico: es transpirable, no se arruga ni se deforma.

- Compra la que realmente le vaya a tu colorimetría; no a todos les sienta bien el tono color tierra.
- No es barata, pero sí es generacional, por lo que es una buena inversión.
- Busca la que te favorezca a tu proporción. Existen gabardinas cortas, ¡imídete!

AGRADECIMIENTOS

Una gran parte de este libro fue creada entre sol, palmeras y mar en mi nuevo paraíso: Mérida. Doy gracias a esta nueva etapa de mi vida, donde la tranquilidad inundó mis pensamientos y las noches con brisa se convirtieron en mis mejores cómplices...

Honor a quien honor merece, indiscutiblemente a mi familia: Piti, Marcela, Malú, Saúl, a mis sobrinos e hijos que nunca sentí lejos; a mi padre, con sus pasitos suaves y cortos, llenando de nostalgia algunos momentos; a mis amigos que a la distancia nunca me soltaron: Areli Paz, Iliana Guerrero, Beto Villanueva, Galia García Palafox, Gustavo Segura, Adriana Martínez, Gabriel Roa, Beatriz Escalante y Jimena Acevedo, cómplice de letras. A mis queridos medios que tampoco se olvidaron de mí: a Janet Arceo y su equipo, a Julieta Santos en mis inicios en Grupo Acir; a todos mis amigos de W Radio y Grupo Fórmula; a Hugo Palancares, a Paulina Greenham, a Ivonne Bacha mi editora jefe; a Jacobo Bautista, mi editor de *Líderes mexicanos*, que me proponía cada mes temas masculinos que retaran mi inspiración; y a todos los medios que me han llamado a participar con ellos, gracias. ¡Gracias por reconocerme como líder de opinión en el rubro de la imagen! Muchos de ustedes, sin saberlo, han contribuido a engrandecer mi curiosidad y a retarme como autora.

A mis nuevos cómplices meridanos: mi bella e inteligente Laura Castro; al formal y siempre correctamente divertido José Luis Preciado; a la incansable y hermosa Elena Arcila; a mi siempre creativa diseñadora Paola Mendoza; a la generosa y próspera Denise Allard.

Por supuesto que no te podía dejar de mencionar, Elizabeth Vivas, gracias por *estar* y por tu amistad. A toda mi banda de cozumeleñas que adoro. A cada una de ustedes ¡las admiro un montón!

A mi hermana argentina, Virginia, donde estés siempre estás para mí.

De verdad soy afortunada en esta vida; a todos aquellos que me faltaron, no se preocupen, saldrán en el siguiente libro...

¿Qué dijiste, Rogelio Villarreal? "Se olvidó de nosotros"... ¡Para nada!, agradezco a mi editorial Océano, a cada uno de ustedes que hacen que mis libros sean tan especiales, al área editorial, a prensa, al departamento comercial, ¡uf! También a mi siempre paciente Miliett Alcántar, a Bogart Tirado y a Adriana Cataño. Agradezco a tantos por su confianza, paciencia y talento que, ¡agárrense!, porque vendrán más títulos.

Sin olvidarte a ti. A ti que estás leyendo este libro, a tu curiosidad, tus ganas por aprender a conocerte mejor. Brindo por ti y agradezco que me leas. ¡Gracias por dejarme ser parte de la mejor versión de ti!

Esta obra se imprimió y encuadernó
en el mes de marzo de 2020,
en los talleres de Egedsa, que se localizan en
la calle Roís de Corella, 12-16, nave 1,
C.P. 08205, Sabadell (España).